INTERMEDIATE GERMAN SHORT STORIES

10 Captivating Short Stories to Learn German & Grow Your Vocabulary the Fun Way!

Intermediate German Stories

www.LingoMastery.com

ISBN: 9781082069413

Copyright © 2019 by Lingo Mastery

ALL RIGHTS RESERVED

No part of this book may be reproduced, stored in a retrieval system, or transmitted in any form or by any means, electronic, mechanical, photocopying, recording, scanning, or otherwise, without the prior written permission of the publisher.

CONTENTS

Introduction 1

About the stories 3

Tips to improve your reading 4

Chapter 1: Schlüsselerlebnis 7

    Zusammenfassung der Geschichte 14

    Summary of the story 14

    Vocabulary 15

    Questions about the story 18

        Answers 19

Chapter 2: Neues Leben 20

    Zusammenfassung der Geschichte 27

    Summary of the story 27

    Vocabulary 28

    Questions about the story 31

        Answers 32

Chapter 3: Zeitreisender 33

    Zusammenfassung der Geschichte 42

    Summary of the story 42

    Vocabulary 43

Questions about the story	47
Answers	*48*

Chapter 4: Wiko steckt fest 49
- Zusammenfassung der Geschichte 56
- Summary of the story 56
- Vocabulary 57
- Questions about the story 60
  - *Answers* *61*

Chapter 5: Neue Freundschaften 62
- Zusammenfassung der Geschichte 68
- Summary of the story 68
- Vocabulary 69
- Questions about the story 72
  - *Answers* *73*

Chapter 6: Zug-Gespräche 74
- Zusammenfassung der Geschichte 81
- Summary of the story 81
- Vocabulary 82
- Questions about the story 85
  - *Answers* *86*

Chapter 7: Party-Organisation 87
- Zusammenfassung der Geschichte 94
- Summary of the story 94

Vocabulary 95

Questions about the story 99

Answers 100

Chapter 8: Nachbarschaftsprobleme 101

Zusammenfassung der Geschichte 108

Summary of the story 108

Vocabulary 109

Questions about the story 112

Answers 113

Chapter 9: Doppelgänger 114

Zusammenfassung der Geschichte 120

Summary of the story 120

Vocabulary 121

Questions about the story 124

Answers 125

Chapter 10: Die Kette 126

Zusammenfassung der Geschichte 132

Summary of the story 132

Vocabulary 133

Questions about the story 136

Answers 137

Conclusion 139

INTRODUCTION

This book is a collection of 10 short stories in German which can be read separately or all at once. These short stories were written specially for German language intermediate and advanced learners and it seeks to provide a comprehensive experience in the language and to expose students to a rich and practical vocabulary suitable for the German skills of the learner.

Learning a foreign language is always a challenge. However, it doesn't have to be as complicated as it may seem. Being constantly exposed to the language one aims to master is the best way to speed up the learning process. It's not just by listening to a language that you get to learn it. Reading has also been proven to be a very effective way to learn a foreign language as it helps the student to become familiar with the proper grammar use, the rhythms, forms and rules of the language and according to research, it exposes the pupil to more sentences per minute than the average movie or TV show.

One of the first things we must acquire when learning a new language is a voracious appetite for its reading materials. As challenging as it seems at first, it can soon become second nature, and its practical use will further motivate you to learn the language faster and better.

Do you as a teacher or as a student of the German language identify yourself with this situation? If your answer is yes, then this book is for you. These stories were created with intermediate and advanced difficulties in mind and are aimed to provide good exposure to grammar and vocabulary while making it accessible in a grammatical and narrative way.

The stories are fluid, continuous and filled with a variety of helpful vocabulary combined with a grammatical richness. Additionally, at the end of each story, a learning support section will help you whenever you need it by providing you with English definitions of difficult words, a summary of the story and multiple-choice questions about important features of the story. This will allow you to follow all the details of each story and thus, to improve at a fast pace.

No matter what level you are at, this book will help you take a step forward in your German and will keep you entertained and motivated to continue learning.

We took into consideration that you, as a reader, have a fair amount of German language vocabulary, and we hope that you find this book genuinely entertaining for both academic and casual reading.

ABOUT THE STORIES

Motivation is essential when learning a foreign language. That's why finding reading materials that are not only good on a grammatical and vocabulary level but also interesting, engaging and informative is key for intermediate and even advanced students.

Besides this, achieving a sense of progress and accomplishment is necessary to maintain an active interest. This is the core principle upon which this book is based.

Through the book, you will find bolded words. These are the words we thought you might consider difficult or useful phrases you may find worth memorizing. The definition for each one of these words or phrases can be found in the vocabulary section. After the vocabulary section you will find a summary that provides a condensed version of the story in both English and German. This is especially helpful in case you get lost as you read, as it allows you to go back and make sure you are not missing any important details. Finally, at the end of the learning support feature you will find a set of five multiple choice questions about the story you just read. Try to answer them without any help, and after doing so, check the answers provided at the end of the section.

It's important to note that a full translation of the stories is not included in this book. This has been done purposefully to remove the "easy option" as you might feel constantly inclined to rely on the English version to avoid the "struggle" needed to make a significant progress in your learning process.

TIPS TO IMPROVE YOUR READING

Reading is a complicated skill. Think of how you learned to read in your mother tongue. It took you years to master the language before you even started learning how to read, from the simplest words to the most complicated levels. So you build a complex set of micro skills that allows you to read different things at a different pace and with different levels of understanding.

However, research suggests that this doesn't happen when reading in a foreign language. You stop being able to use all those micro skills that help you understand a difficult text and you start focusing on understanding the meaning of every single word. That, for the intermediate level learner, tends to be exhausting and contributes to a rapid frustration at being unable to understand due to an elementary vocabulary. Advanced level learners are expected to have overcome this issue, but constant reading is necessary to keep yourself in shape.

The first tip is to avoid getting instantly overwhelmed by the unknown words. Try reading a full page, or even just a paragraph before stopping to look up the meaning of words. Not breaking the semantic flow of the story will eventually make it easier to get a general idea of it. It does not matter if you miss small details because your reading speed will increase and you will improve your fluency.

It is also important to commit yourself to a minimum page count per day. Remember, the more you read, the more you learn.

Keep coming back to the stories. You will be amazed by how much more of them you understand the second time.

Finally, write up any words, expressions or verb conjugations you don't understand and look them up. Try to learn the ones you consider important, get back to the reads again and surprise yourself at how much progress you have made.

Always keep in mind that the goal of reading is not to understand every single word in a story. The purpose of reading is to be able to enjoy the stories while you expose yourself to new expressions and to tell stories in German. So, if you don't understand a word, try to guess it from the context or just continue reading.

FREE BOOK!

Free Book Reveals The 6 Step Blueprint That Took Students **From Language Learners To Fluent In 3 Months**

One last thing before we start. If you haven't already, head over to LingoMastery.com/hacks and grab a copy of our free Lingo Hacks book that will teach you the important secrets that you need to know to become fluent in a language as fast as possible.

Now, without further ado, enjoy these 10 German Stories for Intermediate learners.

Good luck, reader!

CHAPTER 1

SCHLÜSSELERLEBNIS

Jana ist ein Mensch, der an glückliche **Zufälle** glaubt. Zwar ist Jana nicht ganz so **naiv** und **leichtgläubig** wie ihre Mutter, doch **trotzdem** sieht sie immer nur das Gute in anderen. Ab und zu sind es sogar ihre Freunde, die sie wegen ihrer Gutherzigkeit ausnutzen. Trotzdem stört Jana diese persönliche Eigenschaft nicht. Immerhin kann sie es nicht wirklich ändern. Sie wurde **schließlich** so **erzogen**. Jana hat eine Leidenschaft für das **Übernatürliche**. Auch im echten Leben glaubt sie an unmögliche Dinge. Sie glaubt an das **Schicksal** und hält nichts von glücklichen Zufällen. Doch genau so ein Zufall wird ihr heute den Tag **retten**.

Eigentlich war es ein Tag wie jeder andere. Jana muss wie immer in die **Universität**. Sie hat heute bis abends **Vorlesungen** in **verschiedenen Fächern**. Wie jeden Morgen schließt sie das Zimmer in ihrem **Studentenwohnheim sorgfältig** ab. Das macht sie erst, seitdem ihr regelmäßig Süßigkeiten gestohlen werden. Vermutlich ist es einer ihrer **Mitbewohner**, denn sie lebt mit 15 anderen in ihrem Studentenwohnheim zusammen. Dementsprechend ist es ziemlich schwierig, den Dieb zur Rechenschaft zu ziehen. Es könnte **praktisch** jeder der Leute im Haus sein. Deshalb **geht** Jana lieber **auf Nummer sicher** und **behandelt** ihr Zimmer wie einen **Safe**, wenn sie weg ist. So weiß sie ganz sicher, dass niemand **Zutritt** zu ihrem Zimmer hat. Nachdem sie das Zimmer **abgeschlossen** hat, holt sie sich einen Kaffee aus der Küche und macht sich auf den Weg zur **Straßenbahn**.

Wie immer ist diese **randvoll** mit Menschen. Jana ist es mittlerweile schon gewohnt, immer einen Stehplatz zu haben. Die **Sitzplätze** sind meistens schon zwei Haltestellen vor ihrer völlig **aufgebraucht**. Das macht Jana nichts, denn sie **betrachtet** die **morgendliche** Straßenbahnfahrt als **Frühsport**. Schließlich hat sie wegen der vielen Vorlesungen nicht wirklich Zeit, um nach der Uni noch ins Fitnessstudio zu gehen. Dass sie während der Fahrt von dem ein oder anderen Mitfahrer **angerempelt** wird, stört Jana **mittlerweile** nicht mehr. Schon seit drei Jahren **studiert** sie und muss dies somit täglich **ertragen**. Mittlerweile **bemerkt** sie es sogar gar nicht mehr.

Da steht sie also, mit dem Kaffee in der linken Hand und der rechten Hand an der **Haltestange**. Um sie herum ist die **Straßenbahn-Kabine** randvoll mit Menschen. Jana schätzt, dass sie zu diesem Zeitpunkt ungefähr fünf verschiedene Menschen **berühren**. Aber das stört sie nicht weiter. So ist das eben in einer großen Stadt. Jeder muss morgens in die Arbeit und niemand hat ein Auto. Doch in diesem ganzen **Tumult** bemerkt Jana nicht, dass sie etwas Wichtiges verloren hat. Während sie von **verschiedenen** Menschen umher geschubst wurde, ist ihr der **Schlüssel** aus der **Jackentasche** gefallen. Wegen dem **intensiven Lautstärkepegel** hat sie dies **vollkommen** überhört. Aber was Jana nicht weiß, macht sie nicht heiß. Zumindest noch nicht. Denn momentan hat sie keinen blassen Schimmer, dass ihr Schlüssel nun auf dem **Straßenbahnboden** liegt. Stattdessen steigt sie **seelenruhig** an ihrer Haltestelle aus und lässt ihn einfach so auf dem Boden zurück.

Und da liegt er nun. **Mutterseelenallein**. Die Straßenbahn schließt ihre Türen und fährt weiter. Die **Entfernung** zwischen Jana und dem Schlüssel zu ihrem **Zimmersafe vergrößert** sich mit jeder Sekunde mehr. Die beiden sind nun so weit voneinander entfernt, dass ein **Wiedersehen hoffnungslos erscheint**. Und siehe da, der Schlüssel hat plötzlich einen neuen Besitzer. Denn ein Mann hat ihn soeben vom Boden aufgehoben. Er **begutachtet** den Schlüsselbund langsam und steckt ihn dann in seine Jackentasche. Was der Mann mit dem Schlüssel **vorhat**, ist zunächst noch unklar. Man sollte meinen, dass jemand den Schlüssel bei dem **Fahrer** der Straßenbahn oder der Information **abgeben** würde. Doch nicht dieser Mann. Vielleicht hätte er das sogar gemacht, wäre an dem Schlüssel nicht ein kleiner **Anhänger** mit einer Adresse. Dies ist nämlich die Adresse zu Janas Studentenwohnheim. Sogar die **Zimmernummer** ist **angegeben**.

Der fremde Mann hat also vor, den Schlüssel zu seinem **rechtmäßigen** Besitzer **zurückzubringen**. Und zu Janas Glück hat der **mysteriöse** Fremde den ganzen Tag frei. Er kommt gerade erst von der **Nachtschicht** und war eigentlich gerade auf dem Weg nach Hause. Doch jetzt hat er eine neue **Mission**. Ausschlafen kann er ja immer noch heute Abend. Dann der Mann weiß, dass jemand den Schlüssel zu seiner Wohnung **vermisst** und deswegen wahrscheinlich nicht mehr nach Hause in sein Bett kann. Wenn er das schon **verhindern** kann, dann sollte er dies auch tun. Vielleicht bekommt er ja sogar einen **Finderlohn**. Es kommt nicht oft vor dass der Mann die Möglichkeit hat, etwas Gutes für jemand anderen zu tun. Er wohnt alleine und hat nicht oft die Möglichkeit eine echte **Heldentat** zu tun. Der Mann will also keine Zeit verlieren.

Sofort bei der nächsten Haltestelle steigt er aus und nimmt direkt die nächste Straßenbahn in die andere Richtung. **Glücklicherweise** sind dort wieder mehr Sitzplätze frei. Er setzt sich hin und zieht sein Handy aus der Tasche. Zunächst einmal muss er die Adresse finden, damit er überhaupt weiß, bei welcher Haltestelle er **aussteigen** muss. Als er diese Informationen **gesammelt** hat, **lehnt** er sich entspannt zurück. Schon jetzt hat er ein **wohltuendes** Gefühl, weil er zur **Abwechslung** mal etwas für jemand anderen tut. Sehr wahrscheinlich würde er den Besitzer des Schlüssels nicht einmal treffen. Er würde einfach die Türe **aufsperren**, und den Schlüssel in die Wohnung **legen**. Der Besitzer wurde den Schlüssel einfach dort **vorfinden**, und dankbar an einen mysteriösen Fremden sein. Genau so stellt der Mann es sich vor.

Und damit **hat** er auch **Recht**. Als er nämlich bei dem Studentenwohnheim **ankommt** ist niemand zu Hause. Er sperrt die Wohnung auf und es sieht so aus, als wären alle Bewohner **momentan** in der Universität. Es sind ja **schließlich** Studenten. Natürlich mag es etwas **seltsam** sein, die Wohnung einfach zu betreten. Aber der Mann hat ja keine bösen **Absichten**, im Gegenteil. Er will ja nur den Schlüssel abgeben und dann einfach wieder nach Hause fahren. Er hat ja nicht vor, irgendetwas zu **entwenden**. Er ist nur eine **helfende Hand**, die sofort danach wieder aus der Wohnung **verschwinden** wird. So sperrt er also Janas Zimmer auf, und legt ihren Schlüssel auf den **Schreibtisch**. Und mehr macht er auch nicht. Dem Mann **erledigt** sein **Vorhaben** und verlässt die Wohnung wieder.

Auf dem Weg nach draußen trifft er einen jungen Mann, der in dem **Studenten-Komplex** gegenüber wohnt. **Sicherheitshalber** erzählt er ihm die kurze Geschichte, falls der Besitzer des Schlüssels später **panisch herumfragt**. Der Mann weiß nämlich, wie misstrauisch viele sind, was ihre Schlüssel angeht. Außerdem hat er einmal eine Geschichte in der **Zeitung** gelesen, bei der jemand einen **gefundenen** Schlüssel **kopiert** und eine Woche später die komplette Wohnung **leergeräumt** hat. Der Fremde will nur sichergehen, dass Jana sich keine Sorgen macht. Dann macht er sich auch schon auf dem Weg nach Hause. Bevor er in die Straßenbahn einsteigt gönnt er sich eine **Kugel Eis**. Das hat er sich schließlich verdient. In Gedanken stellte sich vor, dass die Kugel vom Besitzer des Schlüssels ist, und ihm aus Dank **spendiert** wurde. Für den Fremden war das ein sehr **erfolgreicher** Tag.

Für Jana jedoch nicht. Erst in ihrer letzten Vorlesung bemerkt sie, dass ihre Jackentasche **erstaunlich** leicht ist. Normalerweise hängt ihre Jacke den ganzen Tag über an der **Garderobe**. Heute hat Jana die Jacke ganz einfach über ihren Stuhl gehängt, da die Vorlesung den ganzen Tag im **selben** Raum war. Als sie nach der Vorlesung die Jacke anzieht, hört sie nicht das **vertraute Rascheln** ihres Schlüssels in der Jackentasche. Und **tatsächlich**, der Schlüssel ist weg. Jana weiß nicht genau, was sie nun **von** dieser Situation **halten** soll. Hat irgendjemand den Schlüssel geklaut? Hat jemand von ihren **Kommilitonen** ihn einfach aus der Jackentasche **genommen**? Hat sie ihn schon vorher verloren? Als allererstes schaut Jana sich panisch in dem Klassenraum um. Sie schaut unter allen Stühlen und Tischen, und fragt alle ihre **Mitstudenten**. Doch niemand hat einen blassen Schimmer, wo der Schlüssel hin ist. Anscheinend hat Jana ihn in der Straßenbahn verloren. Sie ruft bei der Information an und die Mitarbeiter fragen sogar den **zuständigen Straßenbahnfahrer**. Doch niemand hat etwas von ihrem Schlüssel gehört. Es wurde kein **Schlüsselbund** mit Ihrer Adresse **abgegeben**.

Mittlerweile ist Jana mehr als **panisch**. Wo soll sie jetzt schlafen? Wie soll sie wieder zurück in ihre Wohnung kommen? Vermutlich muss sie über das Wochenende zu ihren Eltern und dann mit ihrem Vermieter über die Situation sprechen. Eventuell muss sie ihre Türe von einem Schlüsseldienst **aufbrechen** lassen. Aber vorher hat sie noch eine andere Idee. Einer ihrer Mitbewohner hat irgendwann einmal **behauptet**, dass er eine Haustüre mit einem **Draht** aufbrechen kann. Vielleicht kann er das ja auch mit einer **Zimmertüre**. Zwar hätte Jana eigentlich noch eine kurze Vorlesung, doch nun ist sie zu unruhig um richtig aufzupassen. Sie macht sich sofort auf den Weg nach Hause. Die ganze Straßenbahnfahrt lang ist Jana nervös und **hibbelig**. Sie weiß nicht genau, was sie jetzt tun soll. Sie weiß nur, dass ihr Schlüssel **womöglich** für immer verloren ist.

Oder noch schlimmer, jemand hat ihren Schlüssel und kann nun bei ihr **einbrechen**, wann auch immer er oder sie will. Naja, Janas **Besitztümer** dort waren nicht besonders **wertvoll**. Aber ärgerlich ist es trotzdem.

Endlich ist Jana an ihrer gewohnten Haltestelle **angekommen**. Eilig steht sie von ihrem Sitzplatz auf und **sprintet** zur Türe. Sie will so schnell wie möglich zu Hause ankommen und ihren Mitbewohner nach dem Draht **befragen**. Doch als sie gerade den ersten Schritt vor die Straßenbahn Tür setzen wollte, läuft sie genau in einen **Passanten** hinein, der gerade einsteigen will. Natürlich wäre das nur halb so schlimm, wenn sie nun nicht ein Eis an ihrer Jacke **kleben** hätte. Der Fremde hatte eine Kugel Eis in der Hand, doch die **Betonung** liegt in diesem Fall auf der **Vergangenheit**. Denn die Kugel befindet sich nun auf Janas Jacke. Dem **Geruch** nach **zu urteilen** ist es Vanille. Normalerweise Janas Lieblingssorte, doch nicht, wenn sie sich auf ihren Klamotten befindet. Jana und der fremde Mann schauen sich kurz in die Augen. „Entschuldigung, ich habe Sie nicht gesehen", sagt Jana. „Geht mir genauso, tut mir wirklich Leid!", sagt der Mann. „Schon in Ordnung.", antwortet Jana und geht sofort weiter.

„Hey! Warten Sie mal!", der Mann läuft Jana hinterher und will ihr **vermutlich helfen** die Eiscreme von ihrer Jacke zu wischen. „Schon in Ordnung!", ruft Jana, „Ich wische das später einfach selbst weg." Doch der Mann lässt nicht locker. „Nein, ich kann Ihnen gerne helfen das wieder von ihrer Jacke zu wischen. Schließlich ist das meine **Schuld**. Ich habe nicht **aufgepasst** als ich **eingestiegen** bin." „Nein, das passt schon. Ich **komme zurecht**. Bitte steigen sie einfach in die Straßenbahn." „Nein, wirklich ich helfe Ihnen. Das ist ja wohl **das Mindeste**, was ich tun kann." Mittlerweile hat Jana ihre **Geduld** verloren. „Jetzt passen sie mal auf. Ich habe wirklich keine Zeit für Ihre **Anhänglichkeit**. Ich hatte einen ziemlich **beschissenen** Tag und muss jetzt erst einmal den **Schlüsseldienst** rufen. Ich fände es wirklich sehr nett von Ihnen, wenn sie mich einfach in Ruhe lassen würden." „Den Schlüsseldienst? Wieso das denn?" Jana ist nun sichtlich genervt. „Na warum rufen Leute wohl den Schlüsseldienst? Ich habe meinen Schlüssel verloren. Und jetzt entschuldigen Sie mich bitte." Da wird der Mann **hellhörig**. „Oh, das ist aber ein ganz schöner Zufall, denn ich habe heute morgen im Zug einen Schlüssel gefunden."

Damit hat er Janas Interesse **geweckt**. „Ach ja? Was für einen Schlüssel denn? Kann ich den mal sehen?". „Ich habe ihn nicht mehr. Ich habe ihn zu seinem rechtmäßigen Besitzer **zurückgebracht**.", antwortet der Mann. „Wohin?", fragt Jana **neugierig**. Kann das wirklich zufällig ihr Schlüssel gewesen sein? „Naja, ich habe ihn zurück in so einem Studentenwohnheim gebracht. Anscheinend hat diejenige Person ihn verloren. Zumindest hat der Schlüssel ins Schloss **gepasst**." Jana kann es nicht fassen. „Darf ich fragen, welches **Wohnheim** das war? Vielleicht war es ja wirklich mein Schlüssel.". „So ein großes, gleich zwei Haltestellen weiter. Ich glaube die Adresse war Sonne-Straße oder so ähnlich." „Ich wohne in der Sonne Straße. Ich glaube gerade wirklich, dass Sie meinen Schlüssel gefunden haben. Und dann sind wir auch noch **ineinander** hineingerannt. Ich glaube nicht, dass das ein Zufall war." „Ja, das muss wohl wirklich Schicksal gewesen sein. Kann ich Ihnen ein Eis ausgeben?", fragt der Mann Jana. „Naja, ich würde gerne erstmal meinen Schlüssel **abholen**. Aber danach sehr gerne." Jana kann nicht glauben, was da passiert. Tatsächlich hat sie schon einmal eine **Geschichte** gelesen, in der zwei völlig fremde Menschen vom Schicksal **verbunden** waren. Ein Zufall kann das jedenfalls nicht gewesen sein.

Zusammenfassung der Geschichte

Morgens in der Straßenbahn verliert Jana der Schlüssel zu Ihrer Wohnung, ohne es zu bemerken. Als sie in ihrer letzten Vorlesung schließlich sieht, dass der Schlüssel weg ist, hat ihn schon längst ein Fremder gefunden. Er hat den Schlüssel vom Boden der Straßenbahn aufgehoben und dank der Adresse am Schlüsselbund zurück zu Janas Studentenwohnheim gebracht. Nach seiner Heldentat kauft der fremde Mann sich ein Eis und macht sich auf den Weg nach Hause. Als er gerade erneut in die Straßenbahn einsteigen will stößt er zufällig mit Jana zusammen, und befördert damit sein Vanilleeis auf ihre Jacke.

Summary of the story

In the morning in the tram Jana loses the key to her apartment without noticing it. During her last lecture she finally realises that the key is gone, while a stranger has long since found it. He picked up the key from the floor of the tram and brought it back to Jana's dormitory, thanks to the address on the bunch of keys. After his heroic deed, the stranger buys an ice cream and makes his way home. Just as he's about to board the tram again, he bumps into Jana by chance and drops his vanilla ice cream onto her jacket.

Vocabulary

- **Zufall:** fortuity
- **leichtgläubig:** gullible
- **trotzdem:** despite
- **schließlich:** in the end
- **erzogen:** brought up
- **übernatürlich:** supernatural
- **Schicksal:** destiny
- **retten:** salvage
- **Universität:** university
- **Vorlesung:** lecture
- **verschieden:** diverse
- **Fächer:** compartments
- **Studentenwohnheim:** student dorm
- **sorgfältig:** meticulous
- **Mitbewohner:** roommate
- **praktisch:** in practice
- **auf Nummer sicher gehen:** to be on the safe side
- **behandeln:** treat
- **Safe:** safe
- **Zutritt:** access
- **abgeschlossen:** completed
- **Straßenbahn:** tram
- **randvoll:** full to the brim
- **Sitzplatz:** seat
- **aufgebraucht:** used up
- **betrachten:** to view
- **morgendlich:** in the morning
- **Frühsport:** early morning sports
- **anrempeln:** to bump into
- **mittlerweile:** meanwhile
- **ertragen:** to endure
- **bemerken:** to notice
- **Haltestange:** holding bar
- **Straßenbahn-Kabine:** tram cabin
- **berühren:** to touch
- **Tumult:** turmoil
- **Schlüssel:** key
- **Jackentasche:** jacket pocket
- **intensiv:** intensive
- **Lautstärkepegel:** volume level
- **vollkommen:** perfectly
- **Straßenbahn-Boden:** tram floor
- **mutterseelenallein:** all alone
- **Entfernung:** distance
- **Zimmersafe:** room safe

- **vergrößern:** to enlarge
- **Wiedersehen:** reunion
- **hoffnungslos:** hopeless
- **erscheinen:** to appear
- **begutachten:** to examine
- **vorhaben:** intend
- **Fahrer:** driver
- **abgeben:** to deliver
- **Anhänger:** key chain
- **Zimmernummer:** room number
- **angeben:** to specify
- **rechtmäßig:** legal
- **mysteriös:** mysterious
- **zurückbringen:** to bring back
- **Nachtschicht:** night shift
- **Mission:** mission
- **vermisst:** missing
- **verhindern:** to prevent
- **Finderlohn:** finder's reward
- **Heldentat:** heroic deed
- **Glücklicherweise:** fortunately
- **aussteigen:** to get out
- **sammeln:** to accumulate
- **zurücklehnen:** to lean back
- **wohltuend:** beneficial
- **Abwechslung:** variety
- **aufsperren:** to unlock
- **legen:** to lay
- **vorfinden:** to find
- **Recht haben:** to be right
- **ankommen:** to arrive
- **momentan:** at the moment
- **schließlich:** finally
- **seltsam:** strange
- **Absichten:** intentions
- **entwenden:** to steal
- **helfende Hand:** helping hand
- **verschwinden:** to disappear
- **Schreibtisch:** desk
- **erledigen:** to get done
- **Vorhaben:** project
- **Studenten-Komplex:** student complex
- **sicherheitshalber:** just to be safe
- **panisch:** panic
- **herumfragen:** to ask around
- **gefunden:** found
- **kopiert:** copied
- **leergeräumt:** cleared out
- **Kugel Eis:** ball of ice cream
- **spendieren:** to treat
- **erfolgreich:** successful

- **erstaunlich:** amazing
- **Garderobe:** wardrobe
- **selben:** same
- **vertraut:** familiar
- **Rascheln:** rustle
- **tatsächlich:** actually
- **von etw. halten:** to think of sth.
- **Kommilitonen:** Fellow students
- **nehmen:** take
- **Mitstudenten:** fellow students
- **zuständig:** responsible
- **Straßenbahnfahrer:** tram driver
- **Schlüsselbund:** key ring
- **abgeben:** to hand in
- **aufbrechen:** break open
- **behaupten:** to claim
- **Draht:** wire
- **Zimmertüre:** room door
- **hibbelig:** fidgety
- **womöglich:** possibly
- **einbrechen:** to break in
- **Besitztümer:** possessions
- **wertvoll:** valuable
- **angekommen:** arrived
- **sprinten:** to sprint
- **befragen:** to question
- **Passanten:** passers-by
- **kleben:** to stick
- **Betonung:** emphasis
- **Vergangenheit:** past
- **etw. nach zu urteilen:** judging by sth.
- **Geruch:** smell
- **vermutlich:** probably
- **helfen:** to help
- **aufpassen:** to watch out
- **einsteigen:** to get in
- **zurecht kommen:** to get along
- **das Mindeste:** the least
- **Geduld:** patience
- **Anhänglichkeit:** attachment
- **beschissen:** crappy
- **Schlüsseldienst:** locksmith
- **hellhörig:** the pay more attention
- **wecken:** to wake up
- **zurückbringen:** to bring back
- **neugierig:** curious
- **passen:** to fit
- **Wohnheim:** dormitory
- **ineinander:** into each other
- **abholen:** to pick up
- **Geschichte:** story
- **verbunden:** connected

Questions about the story

1. **Warum verliert Jana ihre Schlüssel?**
   a) Sie hat vergessen den Reißverschluss der Jacke zu schließen.
   b) Sie wurde von anderen Menschen in der Straßenbahn angerempelt.
   c) Sie hat ihn auf ihrem Sitzplatz liegen lassen.

2. **Wer findet ihren Schlüssel?**
   a) Der Straßenbahnfahrer.
   b) Der Fahrkartenkontrolleur.
   c) Ein fremder Mann.

3. **Woran merkt Jana dass der Schlüssel nicht in der Jacke ist?**
   a) Die Jacke ist offen.
   b) Die Jacke ist leichter als sonst.
   c) Die Jacke wurde ebenfalls geklaut.

4. **Wo treffen sich Jana und der Fremde zufällig?**
   a) An der Straßenbahn-Türe.
   b) Vor Janas Haustüre.
   c) In der Straßenbahn.

Answers

1. b)
2. c)
3. b)
4. a)

CHAPTER 2

NEUES LEBEN

Bianca ist eine **talentierte** und **ambitionierte** Frau. Sie hat einen **gewöhnlichen** Job und lebt in einer gewöhnlichen Stadt. Sie wohnt in einer kleinen **Wohnung**, zusammen mit Ihrer **Katze** und ihrem kleinen **Hund**. Ihren Job hat sie schon seit zehn **Jahren**. Zwar hofft sie, dass sie bald befördert wird, doch sie hat den **Gedanken** daran langsam **aufgegeben**. Sie **vermutet**, dass die neue **Mitarbeiterin** ihren **Platz** bekommen wird. Aber das macht ihr nichts aus, denn sie **liebt** ihren Job. Mit ihren 35 Jahren ist Bianca immer noch sehr **jung geblieben**. Jedes Wochenende geht sie **Tennis** spielen und trifft sich mit Freunden. Alle ihre Freunde sind 28 oder **jünger**. Das hilft Binaca, sich noch jünger zu **fühlen**. Trotzdem hat sie kein Problem mit ihrem Alter. Sie mag es, zu **altern**. Doch es gibt eine Sache, die Bianca nicht **klar** ist. Sie wünscht sich eigentlich **mehr**. Als sie noch jünger war, so etwa 25, hatte sie eine **Menge Ziele**. Sie wollte eine Menge **Dinge erreichen**, bevor sie 30 ist. Aber nur wenige davon hat sie auch wirklich **geschafft**. Beispielsweise wollte sie einen langen Urlaub machen. Sie wollte ein halbes Jahr nach Australien gehen. Sie liebt zwar die kleine Stadt in Deutschland, in der sie wohnt, doch sie wollte etwas mehr von der Welt sehen. Irgendwann war sie so **verwickelt** in ihren Job, dass sie **vergessen** hat, was sie wollte. Denn hätte sie den Urlaub wirklich gemacht, hätte sie ihren Job wahrscheinlich **verloren**. Sie war immer der Meinung, dass sie keinen so guten Job mehr bekommt. Doch weil sie ihn so gerne mag, fällt ihr gar nicht auf, was sie durch ihn verliert. Und so wiegt sich das Gute mit dem **Schlechten** auf.

Trotzdem geht Bianca jeden Tag **motiviert** in die Arbeit. Sie steht morgens auf, **füttert** ihre Katze und ihren Hund, trinkt einen Kaffee, und **fährt** mit dem Bus in die Arbeit. Ihr Job ist **gut bezahlt**, also **kann** sie sich auch ein Auto **leisten**. Trotzdem gibt es in dem Zentrum, in dem sie arbeitet, nicht so viele Parkplätze. Bianca **redet** sich **ein**, dass sie sich deswegen kein Auto gekauft hat. Doch der **wahre Grund** ist ein anderer. Bianca **gönnt** sich nicht wirklich viel im Leben. Denn sie hat immer das Gefühl, als müsste sie auf schlechte Zeiten sparen. Sie hat Angst, sie könnte mal in eine schlechte **Situation** kommen. Vielleicht wird sie irgendwann aus ihrem Job **gefeuert** und **verdient** dann gar nichts mehr. Bianca weiß gar nicht, wie ängstlich sie wirklich ist. Sie ist **zufrieden** mit ihrem Leben und hat schon lange **vergessen**, was sie eigentlich machen wollte. Als sie damals ihre Wohnung gefunden hat, war für sie klar, dass sie dort **eine Weile** bleiben wird. Denn nun hatte sie einen guten Job und ein gutes zu Hause. Daraufhin hat sie sich ihre beiden Haustiere gekauft, die sie endgültig an diesen Platz **gebunden** haben. Bianca ist der Meinung, dass sie die Welt nun gar nicht mehr sehen kann. Denn wo sollen denn ihre beiden Haustiere hin? Sie kann sie ja nicht einfach alleine hier lassen. Man muss sich täglich um sie kümmern, sie **streicheln**, **pflegen** und füttern. Außerdem sind die beiden **misstrauisch** gegenüber neuen Menschen. Bianca kann sie nicht einfach an irgendjemanden **abgeben**, denn dort würden sie sich nicht **wohlfühlen**.

Natürlich liebt Bianca ihre beiden Haustiere, doch sie halten sie auch von einigen Dingen ab. Zum Beispiel kann Bianca nach der Arbeit nicht sehr lange wegbleiben, da Ihr Hund sonst anfängt zu **bellen**. Eigentlich hatte sie gehofft, dass die beiden sich gegenseitig **unterhalten** würden. Doch das tun sie nicht. Wenn der Hund anfängt zu bellen, dann **beschweren** sich die **Nachbarn**. Bianca hat schon eine **Mahnung** von Ihrem **Vermieter** bekommen. Und das

Schlimmste wäre für sie, die Wohnung zu verlieren. Deswegen kann sie nach der Arbeit nur etwa zwei Stunden wegbleiben. Diese Zeit nutzt sie normalerweise, um mit einer Freundin einen Kaffee **trinken** zu gehen. Außerdem wünscht Bianca sich schon seit langem einen Freund, mit dem sie ihr Leben **teilen** kann. Doch sie hat nicht besonders viel Zeit, sich **wirklich** einen zu suchen. Bianca arbeitet fünf Tage die Woche, mindestens 8 Stunden am Tag. Danach bleibt ihr nur noch etwas Zeit für eine Freundin und danach für die Haustiere.

Sie weiß nicht wirklich, wo sie nach einem Partner suchen soll. Online-Dating hat sie schon probiert, aber davon hatte sie schnell genug. Sie hat einige Männer **kennengelernt**, die ihr gar nicht gefallen haben. Sie weiß natürlich auch, dass online zu suchen keine wirklich gute Alternative ist. Aber momentan hat sie einfach keine andere Option. Wie jeden Tag ist Bianca auf dem Weg zur Arbeit. Sie **freut** sich auf den Tag, denn heute hat sie nicht ganz so viel zu tun. Es wird ein **entspannter** Tag werden. Doch es gibt eine Sache, die Bianca nicht weiß. Dieser Tag wird ihr **komplettes** Leben **verändern**. Er wird ihr Leben so **auf den Kopf stellen**, dass es nicht **wiederzuerkennen** ist. Als Bianca in der Arbeit ankommt, ist alles normal. Ihre **Arbeitskollegen** begrüßen Sie wie jeden Tag. Sie trinkt einen Kaffee mit der Managerin und unterhält sich ein paar Minuten mit dieser. Alles ist wie immer. Dann geht Bianca in ihr Büro und **erledigt** die ersten **Aufgaben**. Bianca ist Designerin, und sie liebt es, sich kreativ **auszuleben**. Bisher war ihr **Arbeitgeber** auch immer **zufrieden** mit ihrer **Leistung**. Sie hat sogar ein paar **Auszeichnungen** für ihre Entwürfe bekommen. Aus diesem Grund kann sie sich auch nicht über ihr **Gehalt beklagen**.

Kurz vor der Mittagspause kommt Biancas Arbeitskollegin ins Büro **gestürmt**. Sie sieht **aufgeregt** aus. Aber nicht auf eine positive Art und Weise, sie sieht eher aus, als hätte sie gerade einen **Geist** gesehen. „Was ist los?", fragt Bianca. Zuerst bekommt ihre Arbeitskollegin kein Wort heraus. Bianca kann sich gar nicht vorstellen, wieso ihre Arbeitskollegin so aufgeregt ist. „Jetzt sag schon!", fordert sie. Die Kollegin **tritt** von einem **Bein** aufs andere, die Nachricht scheint ihr **unangenehm** zu sein. „Bianca, ich glaube sie wollen dich rausschmeißen." „Was? Das kann nicht sein, es ist doch gar nichts passiert, wie kommst du darauf?" „Na ja, wir haben jetzt eine neue Mitarbeiterin. Sie wird gerade eingelernt. Und sie macht genau die Arbeiten, die du sonst **erledigt** hast. Das kommt mir schon ein wenig **komisch** vor." „Aber das hätte der Chef mir doch gesagt. Er würde mich doch nicht einfach **ersetzen** und mich dann **rauswerfen**." „Ich habe gehört, dass er sogar will, dass du sie **einlernst**. Das heißt du sollst dir dein eigenes **Grab schaufeln**. Am besten fragst du ihn mal, was das soll." „Jetzt bleib mal **ruhig**. Vielleicht soll sie mich einfach ein bisschen unterstützen." „Ja, das hoffe ich auch. Ich habe keine Lust hier zu arbeiten, wenn du nicht mehr da bist. Vor allem will ich nicht mit dieser neuen, jungen Frau arbeiten müssen. Sie wirkt so **naiv**. Sie kommt gerade frisch von der Universität." „Mach dir keine Sorgen, ich bin sicher das klärt sich bald."

Sofort macht Bianca sich auf dem Weg ins Büro des Chefs. Ein bisschen nervös ist sie schon, obwohl sie nicht glaubt, dass sie gefeuert wird. Sie arbeitet hier seit zehn Jahren. Außerdem hat ihre **Arbeitsleistung** nicht **nachgelassen**. Ihr Chef braucht sie, das weiß Bianca. Sie klopft an der Bürotür, und öffnet sie langsam. Der Chef arbeitet gerade an ein paar Papieren und schaut zu ihr auf**.** „Was gibt es, Bianca?" „Hallo Chef, guten Morgen. Ich wollte nur mal fragen, was es mit der neuen Mitarbeiterin auf sich hat? Ich habe gehört sie übernimmt einige der Arbeiten, die ich bereits mache." „Bianca, ich wollte es Ihnen eigentlich schon früher sagen." „Was?" „Die neue Mitarbeiterin, wird schon bald alle Ihre Arbeiten **übernehmen**."

„Wie **meinen** Sie das?" „Damit meine ich, dass sie in ein paar Wochen an Ihrem **Schreibtisch** sitzen wird." „Und wo werde ich dann sein? Befördern Sie mich?" „Nein, Bianca ich muss Sie leider gehen lassen." „Aber warum das?" Bianca kann es nicht glauben, das hätte sie niemals gedacht. Sie liebt doch diesen Job und macht ihn auch gut. Wieso wird sie also einfach so **rausgeworfen**? „Bianca, es ist wahr. Wir brauchen eine neue, junge Mitarbeiterin, die uns nicht ganz so viel kostet. Sie sind schon lange dabei, aber die Zeiten haben sich geändert und wir brauchen einfach **frischen** Wind in der Firma. Neue Ideen."

Davon will Bianca nichts mehr hören. Sie kann nicht fassen dass sie all diese Jahre ihres Lebens an diese Firma **verschwendet** hat. Sie hätte all ihre Ziele **erreichen** können und all die **Orte** sehen können, die sie **besuchen** wollte. Jetzt bleibt Bianca nur eines übrig. Sie muss alles nachholen, was sie verpasst hat. Sonst wird sie sich nie verzeihen, dass sie so lange gearbeitet hat. Das bedeutet Bianca muss eine Art **Weltreise** machen. Diese **Erkenntnis** hatte Bianca noch bevor sie das Büro verlassen hat. Sie weiß plötzlich genau, was zu tun ist. Sie muss die **Reise** planen und sich um alles kümmern. Wenn das nicht **klappt**, weiß Bianca sonst auch nicht mehr, was zu tun ist. Wenn sie nicht wegfährt, wird sie wohl in eine **endlos** lange und schwere **Depression verfallen**. Denn normalerweise wäre es ein Grund zu trauern, wenn sie ihren jahrelangen Job verloren hat. Doch komischerweise fühlt Bianca sich im Moment überhaupt nicht traurig. Sie fühlt sich eher erleichtert, dass sie nun endlich frei ist. Ständig hat sie sich **eingebildet**, dass sie diesen Job braucht. Doch es stellt sich heraus, dass er nur ein profanes Mittel zum Geldverdienen war.

Dieser Job war nicht ihre **Leidenschaft**, sonst würde Bianca sich jetzt anders fühlen. Sie würde sich jetzt traurig und alleine fühlen. Sie würde sich **vorkommen**, als hätte sie ihren **Lebenssinn** verloren.

Doch ganz im **Gegenteil**. Sie fühlt sich eher, als würde ihr Leben nun endlich **anfangen**. Zu Hause angekommen weiß Bianca genau, was nun zu tun ist. Als allererstes muss sie einen Hundesitter finden, der sich um ihre beiden Haustiere kümmert, während sie weg ist. Denn sie wird für eine ganz schön lange Zeit weg sein. Natürlich tut es ihr leid, ihre beiden **Lieblinge** so lange alleine lassen zu müssen. Doch Bianca weiß, dass es ihre **Pflicht** ist, etwas Schönes aus ihrem Leben zu machen. Ihre Haustiere würden es wahrscheinlich auch nicht gerne sehen, wenn sie zu Hause nur **weinend** auf der Couch liegt. Glücklicherweise wohnt Biancas Cousine ganz in der Nähe und kann sich für eine Zeit um die beiden Tiere **kümmern**. Bianca hätte nicht gedacht, dass sie so schnell jemanden finden würde, der sich um ihre Haustiere **kümmert**. Bisher war dies immer der Grund, warum sie nicht wirklich in Urlaub fährt. Es stellt sich heraus, dass es eigentlich ganz einfach gewesen wäre.

Als nächstes musst Bianca sich einen **Zielort** aussuchen. Sie nimmt **natürlich** Australien, da sie schon immer von dieser Reise **geträumt** hat. Dank ihrem Job hat sie mehr als genug Geld auf dem **Konto**, um einen **Hin-** und **Rückflug** dorthin zu **bezahlen**. Zunächst bucht Bianca aber nur einen Hinflug. Sie hat erstmal keine Lust, wieder hierher zurückzukehren. Ihre Wohnung erinnert sie jetzt nur noch an ihre verschwendete Zeit. **Glücklicherweise** braucht Bianca nicht lange, um ihre **sieben Sachen** zu **packen**. Sie hat nicht viele Klamotten und kann deshalb innerhalb von Minuten einen kompletten Koffer packen. Zu ihrem Glück hat sie es geschafft, noch heute einen Flug zu **buchen**. Sie bereitet alles für ihre Cousine vor und schreibt dieser einen kleinen **Zettel** mit allen **Besorgungen**, die für die Tiere **regelmäßig** gemacht werden müssen. Noch nie hat Bianca einen spontanen Flug gebucht. Vor allem nicht nur einen Hinflug.

Normalerweise ist Bianca kein Mensch für spontane Abenteuer, da sie immer etwas zu nervös ist und etwas zu viel Angst hat. Doch

diesmal ist ihr alles egal. Sie erlaubt sich, vollkommenes **Vertrauen** in sich selbst zu setzen und ist damit zum ersten Mal in ihrem Leben frei. Nun gibt es nichts, was sie noch aufhalten könnte. Bianca ruft sich ein **Taxi** zum Flughafen und macht sich somit auch schon auf den Weg. Sie denkt gar nicht mehr an die **Tatsache**, dass sie gerade gefeuert wurde. So wie es Bianca sieht, wurde sie gerade **befreit**. Sie war noch nie so guter Laune wie jetzt. Natürlich weiß Bianca, dass diese **anfängliche Euphorie** auch wieder **verfliegen** wird. Doch eines weiß Bianca, das Gefühl, dass ihr die Fesseln abgenommen wurden, wird ihr für immer bleiben. Bianca weiß, dass diese Art von **Arbeitsleben** nichts für sie ist. Sonst würde sie sich doch jetzt nicht so wohl fühlen. Natürlich weiß sie, dass ihr irgendwann das Geld **ausgehen** wird. Doch darüber macht sie sich **momentan** keine Gedanken. Sie vertraut darauf, dass sie eine Möglichkeit finden wird. Sie wird einen neuen Lebensweg finden, der sie nicht mehr zurück auf einen **Schreibtischstuhl** führt.

Zusammenfassung der Geschichte

Bianca hatte einige Träume und Ziele, die sie schon vor vielen Jahren für ihren Job aufgegeben hat. Nun wohnt sie in einer Wohnung alleine mit ihren beiden Haustieren und geht täglich brav zur Arbeit. Sie liebt ihren Job und macht ihn gerne. Doch eines Tages wird sie ohne Vorwarnung durch eine jüngere Mitarbeiterin ersetzt und von einem Tag auf den anderen gefeuert. Bianca realisiert, dass sie eine Menge Zeit verschwendet hat und in ihrem Leben einiges nachzuholen hat. Plötzlich fühlt sie sich lebendiger und freier denn je zuvor. Sie entscheidet sich zu einer langen Reise, einer Reise, die sie sich schon lange einmal gewünscht hat.

Summary of the story

Bianca had some dreams and goals that she gave up many years ago for her job. Now she lives in an apartment alone with her two pets and goes to work every day. She loves her job and likes working. But one day, without warning, she is replaced by a younger employee and fired from one day to the next. Bianca realizes that she has wasted a lot of time and has a lot of catching up to do in her life. Suddenly she feels more alive and free than ever before. She decides to go on a long journey, a journey she had long wished for.

Vocabulary

- **talentiert:** talented
- **ambitioniert:** ambitious
- **gewöhnlich:** regular
- **Wohnung:** apartment
- **Katze:** cat
- **Hund:** dog
- **Jahr:** year
- **Gedanken:** thoughts
- **aufgeben:** to give up
- **vermuten:** to guess
- **Mitarbeiter:** coworker
- **Platz:** spot
- **lieben:** to love
- **jung geblieben:** young at heart
- **Tennis:** tennis
- **jünger:** younger
- **fühlen:** to feel
- **altern:** to age
- **Ziele**: goals
- **Dinge:** things
- **erreichen:** to reach
- **schaffen:** to make it
- **verwickeln:** to involve
- **vergessen:** to forget
- **verloren:** lost
- **das Schlechte:** the bad
- **motiviert:** motivated
- **füttern:** to feed
- **fahren:** to drive
- **gut bezahlt:** well payed
- **leisten können:** to be able to afford
- **sich einreden:** to talk oneself into thinking sth
- **wahr:** true
- **Grund:** reason
- **gönnen:** to treat oneself to sth.
- **Situation:** situation
- **feuern:** to fire
- **vergessen:** to forget
- **eine Weile:** a while
- **gebunden:** bound to
- **streicheln:** to pet
- **pflegen:** to take care of
- **misstrauisch:** suspicious
- **abgeben:** to deliver
- **wohlfühlen:** to feel good
- **bellen:** to bark
- **unterhalten:** to entertain
- **beschweren:** to complain
- **Nachbarn:** neighbors
- **Mahnung:** warning
- **Vermieter:** landlord
- **trinken:** to drink

- **teilen:** to share
- **wirklich:** really
- **kennenlernen:** to get to know
- **freuen:** to be excited about
- **entspannt:** relaxed
- **komplett:** entire
- **verändern:** to change
- **auf den Kopf stellen:** to turn upside down
- **wieder erkennen:** to recognize
- **Arbeitskollegen:** coworkers
- **erledigen:** to get done
- **Aufgaben:** tasks
- **ausleben:** to live out
- **Arbeitgeber** employer
- **zufrieden:** satisfied
- **Leistung:** performance
- **Auszeichnungen:** awards
- **Gehalt:** salary
- **beklagen:** to lament
- **gestürmt:** stormed
- **aufgeregt:** excited
- **Geist:** ghost
- **treten:** to step
- **Bein:** leg
- **unangenehm:** uncomfortable

- **erledigt:** done
- **komisch:** strange
- **ersetzen:** to replace
- **rauswerfen:** to throw out
- **einlernen:** to teach
- **Grab schaufeln:** to dig the grave
- **ruhig:** calm
- **naiv:** naive
- **Arbeitsleistung:** work performance
- **nachlassen:** to decrease
- **übernehmen:** to take over
- **meinen:** to mean
- **Schreibtisch:** desk
- **rauswerfen:** to throw out
- **frisch:** fresh
- **verschwendet:** wasted
- **Orte:** places
- **besuchen:** to visit
- **Weltreise:** travel around the world
- **Erkenntnis:** knowledge
- **Reise:** journey
- **klappen:** to work
- **endlos:** endless
- **Depression:** depression
- **verfallen:** to fall for
- **einbilden:** to imagine
- **Leidenschaft:** passion

- **sich vorkommen:** to feel like
- **Lebenssinn:** meaning of life
- **Gegenteil:** opposite
- **anfangen:** to begin
- **Lieblinge:** darlings
- **Pflicht:** duty
- **weinend:** crying
- **kümmern:** to take care
- **Zielort:** destination
- **natürlich:** of course
- **träumen:** to dream
- **Konto:** bank account
- **Hin- und Rückflug:** round trip
- **bezahlen:** to pay
- **glücklicherweise:** fortunately
- **Sachen packen:** to pack ones things
- **buchen:** to book
- **Besorgungen:** errands
- **regelmäßig:** regularly
- **diesmal:** this time
- **Vertrauen:** trust
- **Taxi:** taxi
- **Tatsache:** fact
- **befreien:** to liberate
- **anfänglich:** initially
- **Euphorie:** euphoria
- **verfliegen:** to vanish
- **Arbeitsleben:** work life
- **ausgehen:** to go out
- **momentan:** at the moment
- **Schreibtischstuhl:** desk chair

Questions about the story

1. **Warum hat Bianca den Urlaub nicht gemacht?**
   a) Sie hatte nicht genügend Geld.
   b) Sie hatte Angst, dann ihren Job zu verlieren.
   c) Sie hatte keine Lust mehr.

2. **Warum hat Bianca sich kein Auto gekauft?**
   a) Sie spart auf schwere Zeiten.
   b) Sie mag keine Autos.
   c) Sie hat keinen Führerschein.

3. **Was macht Bianca normalerweise nach der Arbeit?**
   a) Sie geht noch eine Weile in den Park.
   b) Sie trifft sich mit Freunden zum Kaffee.
   c) Sie geht noch einkaufen.

4. **Warum ist ihre Kündigung gut für Bianca?**
   a) Sie muss nun nicht mehr so früh aufstehen.
   b) Sie kann mehr Zeit mit ihren Haustieren verbringen.
   c) Sie kann endlich die Reise machen, die sie sich gewünscht hat.

Answers

1. b)
2. a)
3. b)
4. c)

CHAPTER 3

ZEITREISENDER

Johann weiß, was er **sieht**. Er weiß, dass es **real** ist und dass er sich nicht **irrt**. Vor ein paar Jahren wurde er mit **Demenz diagnostiziert**. Seitdem hat sich alles **verändert**. Angefangen hat es damit, dass er sich an bestimmte Dinge nicht so gut **erinnern** konnte. Er vergaß die kleinsten Dinge und seine Frau musste ihn an alles **erinnern**. Trotzdem glaubt Johann nicht, dass er Demenz hat. So ist das eben mit 65 Jahren. Da erinnert man sich eben nicht an die kleinsten und **unwichtigsten Details**. Für ihn war das schon immer ganz normal.

Aber seine Frau sorgte sich damals sehr um ihn. Das tut sie immer noch. Denn seitdem ist es **schlimmer** geworden. Doch Johann sieht es nicht so. Es ist nicht schlimmer geworden, sondern nur **anders**. Zwar vergisst Johann immer noch die kleinsten Dinge, doch nun sieht er **Sachen**, die nicht da sind. **Zumindest** sagen sein Arzt und seine Frau das. Doch damit ist er nicht **einverstanden**. Denn was er sieht, fühlt sich für ihn real an. Nicht wie eine pure Illusion oder eine Fata Morgana.

Johann erinnert sich noch genau, wann diese **Visionen** angefangen haben. Das war vor etwa drei Jahren. Er saß damals in seinem Wohnzimmer und verbrachte die Zeit an seinem neuen Smartphone. Er erinnert sich noch genau, denn er hatte keine Ahnung, wie diese neue **Technologie funktioniert**. Erst einen Tag zuvor hatte er seinem **Enkel** einen **Besuch** abgestattet, damit dieser ihm die **Grundlagen** beibringen konnte. Als allererstes hatte er sich ein **Spiel**

heruntergeladen. Sudoku, sein Lieblingsspiel. Denn Sudoku zeigte ihm, dass sein Gehirn noch nicht ganz verloren war. Laut seiner Ärzte würde dieses nämlich in ein paar Jahren ganz **aufgeben.** Das wollte Johann einfach nicht glauben. Und soweit er das beurteilen kann, ist er immer noch genauso gut in dem Spiel.

An **jenem** Tag vor drei Jahren spielte er also Sudoku und war fast mit dem letzten **Kästchen** fertig. Das wäre sein 300. Kästchen gewesen. Doch plötzlich veränderte sich der Raum. Das **Wohnzimmer** veränderte sich auf eine Art und Weise, die Johann kaum beschreiben konnte. Zwar fühlte es sich **bis zu einem gewissen Grad** immer noch gleich an, **warm** und **wohlig** wie ein Wohnzimmer, doch alles war anders. Naja, nicht alles. Nur die **Möbel** waren anders. Die **Wände** waren nicht mehr **gestrichen,** sondern hatten eine **blumige Tapete.** Die Couch und der **Wohnzimmertisch** sahen sehr **altmodisch** aus. Es fühlte sich an wie eine kleine Zeitreise. Johann **ahnte** bereits, wo er war, doch er wusste nicht, warum. Er war definitiv im **gleichen** Haus, doch das Haus war anders, das Haus war aus einer anderen Zeit. Nach Johanns **Schätzungen** musste er mindestens 150 Jahre in die **Vergangenheit gesprungen** sein. Das bedeutet, er war in einer Zeit, in der seine **Großeltern** noch nicht einmal auf der Welt waren. Eine **Generation,** die er nicht kannte. Doch trotzdem **überkam** ihn kein Gefühl der Angst, sondern eine innere Ruhe.

Damals wusste Johann noch nicht, was eigentlich los war. Das bedeutet nicht, dass er es heute weiß. Doch heute ist er solche **Ereignisse** eher **gewohnt.** Seiner Frau hat er bisher noch nicht wirklich davon erzählt. **Vermutlich** würde sie ihn in eine Irrenanstalt stecken oder direkt den **Krankenwagen rufen.** Sie sorgt sich so sehr um ihn, dass er ihr kaum erzählen kann, wenn er etwas vergisst. Allgemein ist es sehr schwer für sie, ihn **altern** zu sehen. Ständig **probiert** sie eine neue **Strategie,** um seinen **Zustand** zu verbessern.

Sie hatte ihm eine Mitgliedschaft in einem **Fitnessstudio** gekauft und sogar einen **Ernährungsberater engagiert**. Obwohl diese Dinge sicher helfen, sind sie **dennoch** nicht nötig. Johann ist sich sicher, dass er keine richtige Demenz hat. Er hat etwas, was niemand erklären kann. Wie eine **geheime Superkraft**. Nur dass er damit niemanden retten kann. Mittlerweile weiß Johann auch, wann sie **einsetzt**. Mindestens einmal in der Woche **passiert** ihm so etwas.

Letzte Woche war er mit seiner Frau in einem Café, in das die beiden öfter zusammen gehen. Es ist ein kleines Restaurant am **Rande** der Stadt. Um genau 3 Uhr Nachmittags gibt es dort Kaffee und Kuchen und es treffen sich einige **alte Freunde** zusammen, die Johann schon lange **kennt**. Jeden Mittwoch gehen die beiden dorthin. Doch der letzte Mittwoch war anders. **Zunächst** war alles wie immer. Die Kellnerin **servierte** Johann seinen Kaffee und seinen Kuchen. Seine Frau **bestellte** nur ein **Knäckebrot** und einen Tee. Sie ist allgemein sehr gesundheitsbewusst. Plötzlich **veränderte** sich die **Stimmung** im Raum. Zuerst **änderte** sich die Musik. Von einem fröhlichen Pop-Song in ein Jazz-**ähnliches** Stück ohne Gesang. In diesem Moment sah Johann **verwundert** von seinem Kuchen auf. Der Raum fühlte sich anders an. Das Licht war etwas dunkler als vorher und als er seine Frau fragen wollte, was los war, war diese **verschwunden**. Der Platz gegenüber von ihm war leer. Der **Stuhl**, auf dem seine Frau saß, war anders. Er war nicht mehr weiß, sondern aus **dunkelbraunem Holz**. Um ihn herum konnte er keinen seiner Freunde erblicken. Die Leute hatten sich verändert. Sie **trugen** andere Klamotten. Da Johann dies schon oft erlebt hatte, wusste er genau was los war. Er war in einer anderen Zeit.

Neugierig sah er sich um. Vermutlich war er etwa 100 Jahre in die Vergangenheit **gereist**. Das Beste an seinen Erlebnissen war, dass ihn die Menschen scheinbar sehen konnten. Es war, als wäre er ein echter **Zeitreisender**. Vorher war es immer so gewesen, dass niemand ihn bemerkt hatte oder gar keine Leute **anwesend** waren. Doch diesmal **fiel** Johann etwas **auf**. Seine Klamotten waren zu modern und sein ganzes **Auftreten** war aus einer anderen Zeit. Schließlich kam er 100 Jahre aus der Zukunft. Die Menschen konnten ihre Blicke nicht von ihm **abwenden**. Der Raum war komplett **still**. Sicher waren vorher einige Gespräche **im Gange** gewesen. Das Erlebnis hielt nicht länger als 10 **Sekunden** an, bevor Johann wieder in dem Kaffee mit seiner Frau war.

So ist es immer. Länger als 10 Sekunden dauert es nicht. Wäre es anders, wäre Johann vielleicht ein wirklicher Zeitreisender. Dann könnte er es nicht mehr vor seiner Frau **verheimlichen**. Auch diesen letzten Mittwoch hatte sie nichts bemerkt. Schon immer hatte Johann sich gefragt, wie viel Zeit in der **Gegenwart vergeht**, wenn er 10 Sekunden weg ist. Dem **Gesichtsausdruck** seiner Frau nach **zu urteilen**, war er vielleicht eine Sekunde weg. Sie hatte absolut nichts **bemerkt**. Seit diesem letzten Mittwoch hat Johann kein solches Erlebnis mehr gehabt. Doch er weiß, dass dies normalerweise nicht mehr lange auf sich warten lässt. Denn es ist Dienstag, es ist also fast eine ganze Woche **vergangen**. Es gab bisher kaum eine Woche, in der ihm nichts passiert ist. Langsam fragt Johann sich, welchen **Sinn** das Ganze hat. Hat er irgendeine **besondere Mission**? Das alles kann ja nicht nur ein Spaß sein. Wo kommt das her? Bildet er sich alles nur ein?

Bisher hat Johann noch nicht wirklich **versucht**, mit irgendjemand aus einer anderen Zeit zu **interagieren**. Die zehn Sekunden waren immer so schnell vorbei, dass Johann nicht einmal die Zeit hatte, sich zu **fassen**. Hätte er länger Zeit, wäre ihm sicher etwas **eingefallen**, was er die Menschen hätte fragen können. Das **nimmt** Johann sich fürs nächste Mal **vor**. Er will endlich wissen, was der Sinn dieser ganzen Sache ist. Wenn er wieder in die Vergangenheit reist und ein Mensch **anwesend** ist, wird er ihn etwas fragen. Er wird ihn fragen, in welchem Jahr er sich befindet. Mehr Fragen fallen ihm auch nicht ein. Denn was sollte er schon fragen? Er will ja eigentlich nichts **wissen**, außer warum ihm das passiert. Und das wird auch kein anderer wissen. Bei seiner Reise letzten Mittwoch waren die Menschen nur **verwirrt** und **schockiert** gewesen, als sie ihn gesehen hatten. Warum sollte das beim nächsten Mal anders sein?

Seit gestern **macht** Johann sich **darauf gefasst**, noch einmal zu reisen. Er weiß, dass es spätestens morgen passieren wird. Johann ist **genervt** von der **Tatsache**, dass er sich den **Zeitpunkt** nicht aussuchen kann. Manchmal ist es so ungünstig, das Johann noch 4 Stunden danach verwirrt ist. Einmal stand er gerade am **Schalter** der **Bank** und wollte etwas **Geld abheben**. Dann wurde er mindestens zweihundert Jahre in die Vergangenheit **geschickt** und befand sich plötzlich in einer sehr **altertümlichen** Bank. Als seine Reise wie immer nach 10 Sekunden vorbei war, wusste Johann nicht mehr wirklich, wie viel Geld er eigentlich **abheben** wollte. Er brach die **Transaktion** ab und musste nach ein paar Stunden wiederkommen. Solche Erfahrungen würde Johann sich gerne **ersparen**. Deswegen setzt Johann sich diesmal einfach in seinen Wohnzimmersessel und spielt Sudoku, so wie vor 3 Jahren. Vielleicht hat er ja Glück und kann diesmal **ungestört** in die Vergangenheit reisen. Doch Johann weiß noch nicht, dass seine Reise diesmal ganz woanders hingehen wird.

Als er in seinem Sessel sitzt, spürt Johann bereits, wie sich die **Atmosphäre** verändert. Er weiß, dass er nicht an einen anderen Ort reisen wird. Er reißt immer genau dorthin, wo er ist. Das heißt, so oder so wird er sich **sehr wahrscheinlich** in einem Wohnzimmer befinden. In seinem Wohnzimmer, nur in einer anderen Zeit. Natürlich war es nicht immer sein Wohnzimmer, sondern hatte über die Jahre hinweg verschiedene Besitzer. Die meisten davon waren sicherlich seine **Vorfahren**, denn diese hatten das Haus **gebaut**. Es war mindestens 200 Jahre alt. Natürlich wurde es über die Jahre hinweg immer wieder **renoviert**. Bisher ist Johann noch nie mehr als 200 Jahre in die Vergangenheit gereist. Das bedeutet, **so oder so** wird er in seinem Wohnzimmer bleiben. Das gibt Johann eine gewisse **Beruhigung**. Denn wenigstens weiß er, was auf ihn **zukommt**. Er weiß zwar nicht genau, wer auf ihn zukommt, doch das ist nicht so schlimm. **Theoretisch** kann Johann seinen **Familienstammbaum** erforschen und vorher sagen, wen er treffen wird. Doch Johann lässt sich überraschen.

Und eine **Überraschung** ist genau das, was Johann diesmal bekommt. Als sich die Atmosphäre im Raum verändert, schaut Johann von seinem Sudoku auf. Seine **dunkelgelben** Wände sind plötzlich weiß. Sie haben eine andere **Struktur**. Auch die Türen und Fenster sind anders. Sie sind etwas **moderner**. Und sie haben kein **Kreuz** mehr in der Mitte. Auch die Möbel sind komplett anders. Normalerweise stehen in Johanns Wohnzimmer immer zwei Sofas. Diese Sofas hat er schon seit **Jahrzehnten**. Aber das Sofa, dass nun in seinem Wohnzimmer steht, ist weiß und sieht etwas **steril** aus. Der ganze Raum ist anders. Plötzlich wird Johann klar, dass er nicht in der Vergangenheit ist. Er weiß von keinem Jahrzehnt, in dem ein komplett weißes Wohnzimmer jemals **in Mode** war. Der Raum sieht eher **futuristisch** aus. Kann es wirklich sein? Kann es wirklich sein, dass Johann in die **Zukunft** gereist ist?

Schnell schaut er sich um, ob sich noch jemand anders im Raum befindet. Und tatsächlich, auf einem Stuhl in der Ecke des Raumes sitzt eine blonde Frau. Sie schaut zu Johann auf und lächelt. Johann schafft es gerade noch so, zurück zu lächeln, bevor die 10 Sekunden **vorüber** sind. Und schon ist er wieder zurück in seinem Wohnzimmer. Johann **ärgert** sich, dass er keine Möglichkeit hatte, die Frage zu stellen. Besonders dieses Mal wäre es sehr interessant gewesen. Welches Jahr war das? Müsste Johann schätzen, würde er sagen, es war etwa um 2300. Natürlich ist es **nahezu** unmöglich, die

Zeit an einem einzigen Raum zu beurteilen. Sicher gibt es die Möbel auch heute schon irgendwo. Und auch heute kann man die Wohnzimmerwand weiß streichen.

Reist Johann ab jetzt immer in die Zukunft? Johann freut sich, denn so kann er Neues **erfahren**. Rein theoretisch lassen sich die Dinge aus der Vergangenheit auch so erforschen. Sicher gibt es ein paar **Aufzeichnungen**, wie die Dinge damals aussahen. Johann muss also nicht unbedingt dorthin reisen, um zu wissen, wie es war. Doch die Zukunft ist anders. Niemand weiß, wie es dort aussieht. Niemand weiß, was dort passiert. Das zu wissen, ist eine große **Verantwortung**. Ist Johann jetzt ein **Hellseher**? Hoffentlich nicht. Eigentlich will er gar nicht wissen, was es später einmal für Technologien gibt oder was später passiert. Diesmal ist er besonders **gespannt** auf seine nächste Vision.

Es ist Dienstag und Johann kommt gerade vom Einkaufen. Seine Frau ist nicht da und Stille liegt über dem Haus. Deshalb **entscheidet** Johann sich dazu, in die Stadt zu gehen. Dort füttert er gerne die **Tauben** und trinkt einen Kaffee auf dem **Rathausplatz**. Jedes Mal, wenn Johann etwas Zeit hat, tut er genau das. So verbringt er seine **Freizeit** am liebsten. Manchmal nimmt er seine Frau mit, doch diese muss meistens noch arbeiten. Zwar ist sie schon in **Rente**, aber sie kann es einfach nicht lassen. Sie kann einfach nicht still sitzen und die **Ruhe genießen**. Johann hat damit gar kein Problem, seitdem er sein Sudoku hat. Er hat schon versucht, seine Frau zu dem Spiel zu **überreden**, doch diese mag es einfach nicht.

Heute **tummeln** sich besonders viele Tauben auf dem Rathausplatz. Johann hat extra eine **Tüte** mit altem **Brot mitgebracht**. Er muss zugeben, dass er immer etwas extra Brot kauft, obwohl er weiß, dass er und seine Frau nicht so viel essen können. Das macht er nur, damit er noch etwas für die Tauben hat. Johann sucht sich eine Bank, von der aus er die **Brotstückchen** werfen kann. Manchmal hat er das Gefühl, ein paar der Tauben erkennen ihn wieder. Dann sobald er sich hinsetzt, bilden sie einen Halbkreis um ihn herum. Und das sogar, obwohl er das Brot noch nicht **herausgeholt** hat. Natürlich hören Sie das Rascheln der Tüte, also kommen Sie wahrscheinlich deswegen her. Fröhlich **trennt** Johann das trockene Brot und wirft ein Stück nach dem anderen auf den **Boden**. Die Tauben **picken** dieses **eifrig** auf und können gar nicht genug bekommen. Als er bei seinem letzten Brotstück angekommen ist, verändert sich plötzlich die **Luft**. Sobald das Stückchen den **steinigen** Boden **berührt**, ist plötzlich alles anders. Denn nun ist der Boden nicht mehr aus normalem **Backstein**, sondern aus einer Art weißen **Fliesen**.

Plötzlich ist keine einzige Taube mehr zu sehen. Und auch sein Stück Brot hat sich einfach **in Luft aufgelöst**. Johann sieht auf und bemerkt, dass er immer noch auf dem Rathausplatz ist. Doch niemand außer ihm ist hier, obwohl es ein schöner, **sonniger** Tag ist. Das Rathaus sieht etwas anders aus, renoviert. So gefällt es Johann **ehrlich gesagt** besser. Doch plötzlich **steht** das Rathaus **in Flammen**. Eine Art **Rakete** ist dort eingeschlagen. Auch die Häuser um es herum bekommen plötzlich **Schläge** ab. Und das innerhalb von Sekunden. Es scheint eine Art **Angriff** zu sein. Befindet Johann sich im Krieg? Doch nun sind die Sekunden um. Johann ist wieder zurück auf dem normalen Rathausplatz. Seine Tüte leer und die Tauben laufen bereits **enttäuscht** davon. Johann weiß nicht so recht, was er jetzt tun soll. Das war eine Zukunftsvision, die sozusagen einen Krieg **vorhersagte**. Das bedeutet, eigentlich müsste Johann das irgendjemandem erzählen. Wenn zukünftig wirklich ein Krieg **stattfinden** wird, wird dies das Ende der **Menschheit** bedeuten. Mit all den **Atomwaffen**, die heute existieren, besteht in so einem Fall kaum noch eine **Überlebenschance**. Plötzlich wird Johann klar, dass er anfangen muss, seine Visionen **aufzuschreiben**. Er muss sogar lernen, das Datum **herauszufinden**. Nur so kann er seine **Fähigkeit nutzen**. Er muss irgendwie herausfinden, wie er daraus eine positive Gabe machen kann.

Zusammenfassung der Geschichte

Johann ist ein alter Mann der laut seiner Frau und seinem Arzt unter Demenz leidet. Er vergisst zwar vieles, doch trotzdem lässt Johann sich so eine Krankheit nicht anhängen. Denn neben seiner Vergesslichkeit hat er eine neue Gabe. Ab und zu wird er für 10 Sekunden in eine andere Zeit transportiert. Natürlich kann er das nicht seiner Frau erzählen, da diese ihn ins Irrenhaus bringen würde. Anfänglich ist es nur die Vergangenheit, in der Johann sich kurz umsehen kann. Doch als er Zukunftsvisionen bekommt, wird er zunehmend nervöser. Sollte er jetzt wirklich ein echter Hellseher sein, muss er seine Superkraft nutzen und die Leute vor einem Krieg warnen.

Summary of the story

Johann is an old man who, according to his wife and doctor, suffers from dementia. Although he forgets many things, Johann does not allow himself to be accused of such a disease. Besides his forgetfulness, he has a new gift. From time to time he is transported to another time for 10 seconds. Of course he cannot tell his wife, because she would take him to an asylum. In the beginning it is only the past that Johann can look around in. But when he gets visions of the future, he becomes increasingly nervous. If he really is psychic now, he has to use his superpower and warn the people about a war.

Vocabulary

- **sehen:** to see
- **real:** real
- **irren:** to be wrong
- **Demenz:** dementia
- **diagnostiziert:** diagnosed
- **verändern:** to change
- **erinnern:** to remember
- **unwichtig:** unimportant
- **Details:** details
- **schlimmer:** worse
- **anders:** different
- **zumindest:** at least
- **Arzt:** doctor
- **Visionen:** visions
- **Technologie:** technology
- **funktionieren:** to function
- **Enkel:** grandson
- **Besuch:** visit
- **Grundlagen:** basics
- **Spiel:** game
- **herunterladen:** to download
- **aufgeben:** to give up
- **jenem:** this
- **Wohnzimmer:** living room
- **bis zu einem gewissen Grad:** to a certain degree
- **warm:** warm
- **wohlig:** comforting
- **Möbel:** furniture
- **Wände:** walls
- **gestrichen:** painted
- **Tapete:** wallpaper
- **Wohnzimmertisch:** living room table
- **altmodisch:** old-fashioned
- **ahnen:** to suspect
- **gleich:** same
- **Schätzungen:** estimates
- **Vergangenheit:** past
- **gesprungen:** jumped
- **Großeltern:** grandparents
- **Generation:** generation
- **überkommen:** to be overrun by
- **Ereignisse:** events
- **gewohnt:** used to
- **vermutlich:** probably
- **Krankenwagen:** ambulance
- **rufen:** to call for
- **altern:** to age
- **probieren:** to try
- **Strategie:** strategy
- **Zustand:** condition
- **Fitnessstudio:** gym

- **Ernährungsberater:** health consultant
- **engagieren:** to hire
- **geheim:** secret
- **Superkraft:** super power
- **einsetzen:** to use
- **passieren:** to happen
- **Rand:** edge
- **alte Freunde:** old friends
- **kennen:** to know
- **zunächst:** first of all
- **bestellen:** to order
- **Knäckebrot:** crispbread
- **verändern:** to change
- **Stimmung:** mood
- **ähnlich:** similar
- **verwundert:** surprised
- **Stuhl:** chair
- **dunkelbraun:** dark brown
- **Holz:** wood
- **tragen:** to wear
- **neugierig:** curious
- **Zeitreisender:** time traveler
- **anwesend:** present
- **Auftreten:** appearance
- **abwenden:** to turn away
- **still:** quiet
- **im Gange:** in progress
- **Sekunden:** seconds
- **verheimlichen:** to keep a secret from sb.
- **Gegenwart:** present
- **vergehen:** to pass
- **Gesichtsausdruck:** facial expression
- **bemerken:** to notice
- **vergangen:** past
- **besonders:** special
- **Mission:** mission
- **versuchen:** to try
- **interagieren:** to interact
- **einfallen:** to come up with sth.
- **vornehmen:** to set out to do sth.
- **anwesend:** present
- **wissen:** to know
- **verwirrt:** confused
- **schockiert:** shocked
- **darauf gefasst machen:** to prepare for sth.
- **genervt:** annoyed
- **Tatsache:** fact
- **Zeitpunkt:** time
- **Schalter:** counter
- **Bank:** bank
- **Geld abheben:** withdraw money
- **schicken:** to send
- **altertümlich:** ancient

- **Transaktion:** transaction
- **ersparen:** to save
- **ungestört:** undistracted
- **Atmosphäre:** atmosphere
- **sehr wahrscheinlich:** likely
- **Vorfahren:** ancestors
- **so oder so:** anyway
- **Beruhigung:** reassurance
- **auf jdn. zukommen:** to approach sb
- **theoretisch:** theoretically
- **Familienstammbaum:** family tree
- **Überraschung:** surprise
- **dunkelgelb:** dark yellow
- **Struktur:** structure
- **modern:** modern
- **Kreuz:** cross
- **Jahrzehnt:** decade
- **steril:** sterile
- **in Mode:** in trend
- **futuristisch:** futuristic
- **Zukunft:** future
- **vorüber:** passed
- **ärgern:** to be mad
- **nahezu:** almost
- **erfahren:** to find out
- **Aufzeichnungen:** records
- **Verantwortung:** responsibility
- **Hellseher:** psychic
- **gespannt:** curious
- **entscheiden:** to decide
- **Tauben:** pigeons
- **Rathausplatz:** town hall square
- **Freizeit:** free time
- **Rente:** retirement
- **genießen:** to enjoy
- **überreden:** to convince
- **tummeln:** to romp around
- **Tüte:** bag
- **Brot:** bread
- **mitbringen:** to bring
- **Brotstückchen:** bread pieces
- **herausholen:** to get sth. from a bag
- **trennen:** to separate
- **Boden:** ground
- **picken:** to peck
- **eifrig:** eager
- **Luft:** air
- **steinig:** stony
- **berühren:** to touch
- **Fliese:** tile
- **in Luft auflösen:** disappear in thin air
- **sonnig:** sunny
- **ehrlich gesagt:** honestly
- **in Flammen stehen:** to be in flames

- **Rakete:** rocket
- **Schläge:** hits
- **Angriff:** attack
- **enttäuscht:** disappointed
- **vorhersagen:** to
- **stattfinden:** to happen
- **Menschheit:** humanity
- **Atomwaffen:** nuclear weapons
- **Überlebenschance:** chance of survival
- **aufschreiben:** to write down
- **herausfinden:** to find out
- **Fähigkeit:** ability
- **nutzen:** to use

Questions about the story

1. **Woher weiß Johann beim ersten Mal, dass er plötzlich in der Vergangenheit ist?**
   a) Er sieht eine Zeitung mit einem Datum.
   b) Er erkennt dass die Möbel alt sind.
   c) Er spürt es.

2. **Woher weiß Johann dass er bald wieder einen Sprung durch die Zeit haben wird?**
   a) Er hat sich einen Wecker gestellt.
   b) Er ist bereits eine Woche vergangen.
   c) Er hat so ein Bauchgefühl.

3. **Warum denkt Johann, dass er ein echter Zeitreisender ist?**
   a) Wenn er zurückkommt, ist die Gegenwart verändert.
   b) Die Leute in der Vergangenheit können ihn sehen.
   c) Er kann in einer anderen Zeit bleiben, wenn er will.

4. **Was ist plötzlich anders an Johanns Visionen?**
   a) Sie sind kürzer als vorher.
   b) Die Menschen können ihn nicht mehr sehen.
   c) Er reist in die Zukunft.

Answers

1. b)
2. b)
3. b)
4. c)

CHAPTER 4

WIKO STECKT FEST

Fröhlich und **aufgeregt galoppierte** der kleine Terrier durch die **getrockneten Blätter**. Das **Laub raschelte**, während er mit der kleinen **Schnauze** versuchte, etwas **aufzuspüren**. Es war immer das gleiche mit ihm, aber das **störte** Sarah nicht. Sie liebte den kleinen **Racker**, auch wenn er manchmal sehr **anstrengend** war. Jeder **Waldspaziergang** dauerte etwa zwei Stunden, da Sarah den Hund vorher nicht überreden konnte, nach Hause zu gehen. Jedes Mal wenn sie mit ihm zum Auto gehen wollte, **weigerte** er sich **einzusteigen**. Er fing immer an zu **bellen** und rannte wieder zurück in den Wald. Mittlerweile nahm Sarah sich schon jedes Mal ein Buch mit, damit sie eine **Beschäftigung** hatte, während der kleine seinen **Abenteuern** nachging. Auch diesmal hatte sie eines dabei. Ihren Lieblings Horror-Roman von Stephen King. Das einzige Problem war, dass es im Wald nie eine **Bank** gab. Und diesmal waren die beiden ganz schön weit vom Weg **abgekommen**.

Denn der Hund hatte eine **Spur gefunden**. Irgendwas **witterte** er. Vermutlich ein **Reh**, oder ein **Wildschwein**, das vor Stunden einmal hier vorbei gekommen war. Sarah wusste dass er nichts finden würde. Trotzdem musste sie mit ihm mitgehen, da er sich nicht **überzeugen** ließ. Es war ein schöner Tag und die **Sonne** kam in kleinen **Fleckchen** durch das **Blätterdach**. Außer ihrem Hund war niemand sonst im Wald zu sehen. Es war still, und nur die Vögel **zwitschern**. Sarah störte die Ruhe nicht. Sie war niemand, der im Wald Angst hatte, wenn sonst niemand dort war. Sie wusste, dass es dort keine **Gefahren** gab. Und sollte doch irgendwann mal etwas passieren, würde Ihr Hund es sowieso vorher wittern.

Wiko hieß er. Diesen Namen hatte sie ihm selbst gegeben. Zwar war es damals ihre Mutter, die ihr den Hund **gekauft** hatte, aber den Name dürfte sie **aussuchen**. Ihre Mutter ging schon seit langem nicht mehr mit in den Wald. Sie sagte ihr sei es **unangenehm**. Bei dieser **Stille** hatte sie Angst. Doch Sarah **empfand** nur **Frieden**. Entspannt sah sie dabei zu, wie Wiko **Löcher** in den **lockeren Waldboden scharrte**. Er schien irgendetwas gefunden zu haben. Beim letzten Mal hatte er einen alten Schuh **ausgegraben**. Ein anderes Mal waren es **Knochen** einer **toten Eule** gewesen. Leider hatte Sarah es erst bemerkt, als der Hund die Knochen schon in das Auto **geschleppt** hatte. Um zu **verhindern**, dass dies noch einmal passiert, überprüfte Sara jedes mal, wenn Wiko etwas **ausgebuddelt** hatte. Sie würde alles dafür tun nicht noch mal die **Reste** eines Toten **Vogels** aus dem **Teppich** des **Beifahrersitzes** zu kratzen. Manchmal war Wiko ihr schon etwas zu viel. Aber sie war es, die sich einen Hund **gewünscht** hatte. Aus diesem Grund musste sie sich auch um ihn kümmern.

Eifrig **stolzierte** Wiko im Wald umher, während Sarah in ihrem **Buch blätterte**. Plötzlich wurde es **still**. Sarah konnte seine **Schritte** im Laub nicht mehr hören. Normalerweise war er sehr laut, und **rumpelte** durch die raschelnden Blätter. Doch nun war still, Wiko war verschwunden. Sarah schloss das Buch, und **steckte** es zurück in ihre **Handtasche**, wo sie es vorher **aufbewahrt** hatte. Sie sah sich um, und rief Wiko beim Namen. Normalerweise kam er immer, wenn Sie das tat. Doch diesmal war es anders. Sie bekam keinerlei **Reaktion**. Der Wald um sie herum war still, bis auf ein paar **zwitschernde Vögel**. Hatte er sich einfach **in Luft aufgelöst**? 'Das kann ja nicht sein.', denkt Sarah. So etwas war ihr noch nie passiert. Normalerweise entfernte Wiko sich nicht weiter als 10 m. Hatte er vielleicht ein **Reh** gesehen? Oder hatte er einen **Hasen** gesehen und war ihm **hinterhergerannt**? Aber das hätte sie doch gehört. Sie hätte mindestens die nächsten 20 m noch gehört, wie er durch das Laub rannte.

Außerdem ging alles so schnell. Gerade eben war er noch da, und das war erst eine Minute her. Irgendetwas musste passiert sein. Aber was? Sarah konnte es sich **beim besten Willen** nicht vorstellen. Soll er sich etwa in Luft aufgelöst haben? Wurde er etwa **spontan** von **Aliens entführt**, ohne dass sie etwas davon bemerkt hatte? Nichts davon schien wirklich **plausibel**. Eilig schaute Sarah sich in der **Region** um, in der sie ihn zum letzten Mal gesehen hatte. Alles sah aus wie immer. Sie konnte auch im **Waldboden** keine **Spuren** oder andere **Anzeichen** finden, die zu erkennen gaben, wo Wiko sein konnte.

Er war einfach so weg. Natürlich konnte Sarah nicht einfach aufgeben. Wohl kaum würde sie jetzt nach Hause fahren, und ihrer Mutter **beibringen**, dass sie den Hund verloren hatte. Wer könnte schon einen Hund einfach so verlieren? Da sah sie es. Ein **Loch** im **Boden**. Es sah aus, wie eine Art **Fuchsbau**. Das muss es gewesen sein. Bestimmt war Wiko dort hinein gerannt, und befand sich noch immer in der Höhle. Langsam **näherte** sie sich dem Loch. Sie **traute** der **Situation** nicht ganz, denn es könnte ja immer noch ein Fuchs in dieser kleinen Höhle sein. Sarah war nicht sonderlich daran interessiert, mit **Tollwut zurück** nach Hause zu **kehren**. Dieser Hund **raubte** ihr **jeden letzten Nerv**. Vor dem Loch rief Sarah noch einmal seinen Namen. Doch es gab keine Antwort. Sie **bückte** sich nach unten und schaute in das Loch hinein. Es war jedoch zu dunkel, als dass sie etwas hätte sehen können. Daraufhin zog sie ihr Handy aus der Tasche und schaltete die **Taschenlampe** ein.

Endlich konnte sie mehr sehen. Als sie hinein leuchtete, konnte sie endlich das **Hinterteil** von Wiko sehen. Steckte er etwa fest? Tatsächlich, der Hund schaffte es nicht mehr, nach hinten wieder heraus zu laufen. Noch dazu war Sarah sich nicht sonderlich sicher, ob er überhaupt **in der Lage** **war**, rückwärts zu laufen. Konnten Hunde überhaupt rückwärts laufen? Jedenfalls musste sie einen Weg finden, ihn aus seiner Lage zu befreien. Sie hatte bereits versucht, ihren Arm nach ihm **auszustrecken**, und ihn am **Hinterbein** wieder **rauszuziehen**. Aber ihr Arm war dazu **wesentlich** zu kurz. Wiko fing an zu **wimmern**, da er jetzt selbst bemerkt hatte, dass er **feststeckte**.

Sarah hatte keine Ahnung, was sie jetzt tun sollte. Was tut man schon, wenn der Hund feststeckt? Ruft man die **Polizei** oder sogar die **Feuerwehr**? Schließlich war es ja ein **Erdloch**, und kein **Baum** oder ein **Hochhaus**. Sollte sie von zu Hause eine **Schaufel** holen, und ihn einfach selbst aus dem Loch **heraus graben**? Aber sie konnte hier nicht weg, da Wiko sonst noch **unruhiger** werden würde, das wusste sie. Sie konnte ihn hier nicht alleine lassen. Plötzlich fing Wiko an in dem Erdloch zu bellen. Er wurde **schrecklich wütend**, und hörte nicht mehr auf, mit den Hinterbeinen zu **strampeln**. Er musste wohl irgendwas in der kleinen Höhle sehen. Mit höchster Wahrscheinlichkeit war die Höhle nicht nur ein zufälliges Erdloch, sondern hatte ein paar **Bewohner**. Sehr wahrscheinlich wollten diese sich gerade **beschweren**, dass Ihre **Haustüre blockiert** war. Und zwar von einem **Biest**.

Schnell zog Sarah ihr Handy aus der Tasche und tippte die **Nummer** ihres Vaters ein. Dieser wusste sicher, was zu tun war. Seitdem Sarah ein Kind war ihr Vater immer sofort **zur Stelle**. Er wusste wie man alle möglichen Dinge **reparierte**, und wie man in jeder einzelnen Situation **reagieren** musste. Wenn sich einer mit so einem **Fall auskennen** würde, dann wohl er. Als Sarah ihm die **Lage schilderte**, machte er sich sofort auf den Weg. Es dauerte nur etwa zehn Minuten, bis er den Weg von zu Hause bis in den Wald **zurück gelegt** hatte. Sarah stand immer noch vor dem Loch, als er mit einer Schaufel auf der rechten **Schulter** ankam. „Also, wo ist der Kleine?", fragte er. Sarah **deutete** auf den Boden. „In diesem Loch hier, ich habe keine Ahnung wie er dort **hineingekommen** ist. Ich habe nur eine Sekunde weggesehen, und plötzlich war er weg. Ich habe ganz schön lange gebraucht, bis ich ihn überhaupt wiedergefunden habe."

„Na das ist ja ganz toll, bestimmt hat er ein kleines Tier gesehen, das in dem Loch wohnt und ist ihm **hinterhergerannt**", **schlug** Sarahs Vater **vor**. „Ja, das glaube ich auch, er war schon immer ein ganz schöner **Jagdhund**. Denkst du, du bekommst ihn da wieder heraus?", fragte Sarah hoffnungsvoll. „Ja sicher, aber es kann sein dass ich den kompletten Waldboden aufgraben muss. Aber von der anderen Seite", antwortete ihr Vater. „Ja, ich glaube auch nicht dass es von hier aus **sonderlich** gut funktionieren wird. Direkt über dem Loch ist eine ziemlich große **Wurzel**, ich glaube deswegen steckt er dort auch fest. Ja, ich versuche von der anderen Seite zu graben, es sieht aus als wäre es dort etwas einfacher."

So fing ihr Vater an, auf der anderen Seite zu graben. Er hatte vor, den Hund von dort **herauszuziehen**. Es dauerte nicht lange, bis er zu dem Loch **vorgestoßen** war. Von dort aus konnte er Wikos **Schnauze** sehen. Trotzdem konnte er ihn so schlecht herausziehen. Das würde dem Hund nur **wehtun**, und er würde trotzdem noch an der Wurzel feststecken. "Sarah komm mal her und schau dir das an!" Sarah stellte sich neben ihren Vater, und blickte in das kleine Loch hinein. Es war nicht nur ein einziger **Tunnel**, sondern in den Tunnel mündeten viele andere kleine **Löcher**. Das bedeutete dort gab es wohl mehr als nur einem **Bewohner**. Wiko fing an zu bellen, und plötzlich zeigte sich die **Großfamilie**, die das Erdloch **bewohnte**. Ungefähr 20 Hasen eilten aus ihrem zu Hause, da sie von dem Hund völlig **verschreckt** waren. Nun hatten sie endlich einen **Ausgang**, durch den sie **entkommen** konnten. Vorher waren sie wahrscheinlich nur ängstlich eingesperrt gewesen, da der Hund ihren letzten **Ausweg** versperrte.

Das war ihre Chance, endlich zu **flüchten**. Und das gelang ihnen auch, zu Sarahs **Schrecken**. Als die Häschen **heraushüpften** gab sie einen kleinen **Schrei** von sich. Eigentlich mochte sie Hasen sehr gerne, doch dieser **Schwarm** kam etwas überraschend. „Oh wow, das sind ja ganz schön viele", sagt ihr Vater überrascht. „Ja, die armen kleinen Hasen. Die haben sich sicher nicht heraus getraut." **erwiderte** Sarah. „Naja sie hätten ja gar nicht raus gekonnt, Wiko war ja im Weg." Die **Flucht** der Hasen störte Wiko anscheinend sehr. Er brach in unkontrolliertes Bellen aus, und das, obwohl er sich immer noch nicht bewegen konnte, geschweige denn eines der Häschen fangen konnte. Das musste ganz schön **frustrierend** für ihn sein.

„Na ja, ich denke wir müssen die **Wurzel abschneiden**. Sonst bekommen wir ihn nie wieder da raus", sagte Sarahs Vater. „Ja, das glaube ich leider auch. Ist das nicht etwas **gefährlich**? Was ist, wenn du Wiko dabei **erwischt**?". „Ach Quatsch, ich gehe schon seit Jahrzehnten mit einer Säge um. Diese kleine Wurzel werde ich schon bewältigen können, ohne ihn dabei zu erwischen." Sarah traute der Sache nicht ganz: „Das will ich ja wohl hoffen." Während ihr Vater sich wieder auf dem Weg nach Hause machte, um eine **Säge** zu holen, setzte Sarah sich neben das Erdloch. Sie wollte natürlich nicht, dass Wiko sich alleine **fühlte**, oder sogar dachte dass sie ihn alleine gelassen hatte. So etwas war wirklich noch nie passiert. Beim nächsten Mal würde sie den Hund einfach an die **Leine** nehmen. Sie hätte sich vorher schon wissen sollen, das Wiko einmal so etwas anstellen würde.

Schon damals als er immer die **Katzen** aus der **Nachbarschaft gejagt** hatte, musste Sarah ihn immer an die Leine nehmen. Genau aus diesem Grund **ging** sie nicht mehr dort **Gassi**. So wie es aussah musste sie diese **Praktik** jetzt auch bei ihren **Waldspaziergängen** umsetzen. Sie wusste jetzt schon, dass Wiko dies nicht mögen würde. Er war ein ganz schöner Streuner und wurde jedes Mal nervös, wenn er an die Leine musste. Und jedes Mal wenn er tatsächlich an der Leine war zog er Sarah **durch die Gegend**. Vielleicht würde sie sich auch einfach einen Hundesitter anschaffen, der den täglichen Auslauf für sie **erledigte**. Dann müsste sie sich nicht mehr mit dem Hund **herumschlagen**.

Keine Frage, sie liebte den kleinen **Strolch**, aber manchmal war er ihr auch ein wenig zuviel. Schließlich kam Sarahs Vater mit der Säge zurück und fing an, an dem **Erdloch-Eingang herumzusägen**. Es dauerte nicht lange und die Wurzel, die Wiko gefangen hielt, fing an zu **knacken**. Kurz bevor die Säge ihn ganz **durchtrennt** hatte, **hielt** Sarahs Vater **inne** und **riss** den Ast mit beiden Händen **entzwei**. Sofort sprintete Wiko hinaus, und sprang an Sarah hoch. Er musste ganz schöne Angst gehabt haben, so ganz allein in diesem Erdloch. So etwas würde Sarah sicherlich beim nächsten Mal nicht mehr passieren. Auch für Wiko war es besser, einfach an der Leine zu bleiben, anstatt solche **Traumata** erleben zu müssen.

Zusammenfassung der Geschichte

Sarah ist mit ihrem Hund Wiko im Wald unterwegs. Sie hat ein Buch dabei, damit sie sich auf dem Ausflug nicht langweilt. Plötzlich verschwindet Wiko spurlos. Nach einer langen Suche bemerkt sie ein Erdloch im Boden. Und tatsächlich, Wiko steckt fest. Die Lage scheint ausweglos. Sarah ruft ihren Vater zur Hilfe, denn dieser weiß immer, was zu tun ist. Mit einer Schaufel und einer Säge befreien Sie den Hund schließlich aus dem Loch.

Summary of the story

Sarah is out in the woods with her dog Wiko. She has a book with her so she won't get bored on the trip. Suddenly Wiko disappears without a trace. After a long search she notices a hole in the ground. And indeed, Wiko is stuck. The situation seems hopeless. Sarah calls her father for help, because he always knows what to do. With a shovel and a saw they finally free the dog from the hole.

Vocabulary

- **aufgeregt:** excited
- **galoppieren:** to gallop
- **getrocknet:** dried
- **Blätter:** leaves
- **Laub:** leaves
- **rascheln:** to rustle
- **Schnauze:** snout
- **aufspüren:** to detect
- **stören:** to distract
- **Racker:** rascal
- **anstrengend:** exhausting
- **Waldspaziergang:** forest walk
- **weigern:** to refuse
- **einsteigen:** to get in
- **bellen:** to bark
- **Beschäftigung:** employment
- **Abenteuer:** adventure
- **Bank:** bench
- **vom Weg abkommen:** to lose one's way
- **Spur:** trace
- **gefunden:** found
- **Reh:** deer
- **Wildschwein:** wild boar
- **überzeugen:** to convince
- **Sonne:** sun
- **Flecken:** spots
- **Blätterdach:** leaf canopy
- **zwitschern:** to chirp
- **Gefahren:** dangers
- **gekauft:** bought
- **aussuchen:** to choose
- **unangenehm:** uncomfortable
- **empfinden:** to feel
- **Frieden:** peace
- **Stille:** silence
- **Löcher:** holes
- **locker:** easy
- **Waldboden:** forest ground
- **scharren:** to scratch
- **ausgegraben:** dug up
- **Knochen:** bones
- **tot:** dead
- **Eule:** owl
- **schleppen:** to drag
- **verhindern:** to prevent
- **ausgebuddelt:** dredged up
- **Reste:** remnants
- **Vogel:** bird
- **Teppich:** rug
- **Beifahrersitz:** passenger seat
- **wünschen:** to wish
- **stolzieren:** to strut
- **Buch:** book

- **blättern:** to scroll
- **Schritte:** steps
- **rumpeln:** to rumble
- **stecken:** to stick
- **Handtasche:** purse
- **aufbewahren:** to keep
- **Reaktion:** reaction
- **Hase:** bunny
- **hinterherrennen:** running after someone
- **beim besten Willen:** not with all the will in the world
- **spontan:** spontaneous
- **Aliens:** aliens
- **entführen:** to abduct
- **plausibel:** plausible
- **Region:** region
- **Spuren:** traces
- **Anzeichen:** signs
- **beibringen:** to teach
- **Loch im Boden:** hole in the ground
- **Fuchsbau:** foxhole
- **trauen:** to dare
- **Situation:** situation
- **Tollwut:** rabies
- **zurückkehren:** to return
- **den letzten Nerv rauben:** to break sb. nerves
- **bücken:** to bend over
- **Taschenlampe:** flashlight
- **Hinterteil:** backside
- **in der Lage sein:** to be able to
- **ausstrecken:** to stretch
- **Hinterbein:** hind leg
- **rausziehen:** to pull out
- **wesentlich:** essential
- **wimmern:** to whine
- **feststecken:** to be stuck
- **Polizei:** police
- **Feuerwehr:** fire department
- **Erdloch:** ground hole
- **Baum:** tree
- **Hochhaus:** skyscraper
- **Schaufel:** shovel
- **graben:** to dig
- **unruhig:** restless
- **strampeln:** to pedal
- **Bewohner:** inhabitants
- **beschweren:** to complain
- **Haustüre:** front door
- **blockiert:** blocked
- **Biest:** beast
- **Nummer:** number
- **zur Stelle sein:** to be on the spot
- **reparieren:** to repair
- **reagieren:** to react
- **Fall:** case

- **auskennen:** to know sth.
- **die Lage schildern:** describe the situation
- **zurücklegen:** to cover
- **Schulter:** shoulder
- **deuten:** to interpret
- **hineingekommen:** came in
- **hinterhergerannt:** ran after
- **vorschlagen:** to suggest
- **Jagdhund:** hunting dog
- **sonderlich:** particularly
- **Wurzel:** root
- **vorstoßen:** to disown
- **wehtun:** to hurt
- **Großfamilie:** big family
- **bewohnen:** to live in
- **verschreckt:** scared off
- **Ausgang:** exit
- **entkommen:** to make it out
- **Ausweg:** way out
- **flüchten:** to flee
- **Schrecken:** scare
- **hüpfen:** to hop
- **Schwarm:** swarm
- **erwidern:** to reply
- **Flucht:** escape
- **frustrierend:** frustrating
- **abschneiden:** tu cut off
- **gefährlich:** dangerous
- **erwischen:** to cop sb. doing sth.
- **Säge:** saw
- **fühlen:** to feel
- **Leine:** leash
- **Katzen:** cats
- **Nachbarschaft:** neighborhood
- **jagen:** to hunt
- **Gassi gehen:** to go for a walk
- **Praktik:** practice
- **durch die Gegend:** all over the place
- **erledigen:** to get done
- **herumschlagen:** to fight a running battle with sth.
- **Strolch:** stroller
- **Erdloch-Eingang:** ground hole entrance
- **sägen:** to saw
- **durchtrennen:** cut sth. through
- **inne halten:** to pause
- **entzwei reißen:** tear in two
- **Traumata:** traumas

Questions about the story

1. Warum muss Sarah immer so lange mit Wiko im Wald bleiben?

    a) Er braucht sehr viel Auslauf.
    b) Er weigert sich immer zurück ins Auto zu gehen.
    c) Sie liebt lange Spaziergänge in der Natur.

2. Wieso überprüft Sarah immer, was Wiko ausgräbt?

    a) Damit er ihr nichts ins Auto schleppt.
    b) Damit er sich nicht an etwas verschluckt.
    c) Damit er nichts Falsches frisst.

3. Wohin ist Wiko plötzlich verschwunden?

    a) Er ist einem Reh hinterher gerannt.
    b) Er versteckt sich vor Sarah.
    c) Er ist in ein Bodenloch verschwunden.

4. Warum kommt Wiko nicht mehr aus dem Loch heraus?

    a) Er jagt einen Fuchs.
    b) Er steckt wegen einer Wurzel fest.
    c) Ihm gefällt es dort.

Answers

1. b)
2. a)
3. c)
4. b)

CHAPTER 5

NEUE FREUNDSCHAFTEN

Als Kind war Svenja alles andere als einsam. Sie hatte viele Freundinnen, und war die beste Freundin der meisten Mädchen. Sie war ein sehr **aufgeschlossenes** und **extrovertiertes** Kind, das mit allem und jedem **spielen** wollte. Fast niemand in ihrem Dorf war so beliebt wie sie, und sie wurde von ziemlich jedem Jungen **umschwärmt**. Doch heute war das anders. Es hatte sich viel verändert, seitdem sie aus dem **Dorf** in die Stadt **gezogen** war. Damals hatte sie sich sehr gefreut, endlich ihre Träume zu **erfüllen**. Das Dorf war ihr schon immer zu langweilig und zu einsam gewesen. Zwar hatte sie dort viele Freunde, aber keinen wirklichen Sinn in ihrem Leben.

Als kleines Mädchen liebte sie die Filme, in denen **starke** Frauen alleine in der Stadt leben und niemand anderen **brauchen**. Sie fand es schon immer so **bewundernswert,** wie diese Frauen ihr Leben lebten. Heute ist sie eine dieser Frauen, doch dieses Leben ist nicht mehr ganz so **glamourös**, wie sie es sich **vorgestellt** hatte. Ganz im Gegenteil. Nun wohnt sie alleine in einer Wohnung und hat einen guten Job in der Stadt. Alle ihre Freunde aus dem Dorf sind **mittlerweile verheiratet**, haben Kinder, oder zumindest ein eigenes Haus. Zwar freut sie sich für ihre Freundinnen von damals, doch trotzdem wünscht sie sich, ihre Mutter würde sie nicht immer mit ihnen vergleichen. Jedes Mal wenn sie zu Besuch nach Hause kommt, muss sie sich folgendes anhören: „Hast du schon gehört, dass Lena jetzt **verheiratet** ist? Sie hat sogar ein Kind, weißt du? Wann bist du endlich so weit? **Die Uhr tickt.**"

Wie oft Svenjas Mutter sie schon **angebettelt** hatte, ihr ein Enkelkind zu **schenken**, konnte sie schon gar nicht mehr **zählen**. Es spielt ja auch keine Rolle. Denn um ein Kind zu haben, braucht man **bekanntlich** einen Mann. Und das war etwas, was in Svenjas Leben eindeutig fehlt. Doch um ehrlich zu sein, **stört** sie das nicht wirklich. Was sie jedoch wirklich stört, ist ihr Mangel an Freunden. Ihr Leben besteht eigentlich nur aus ihrer Arbeit, und das ist alles. Sie kann sich nicht erinnern, wann genau das passiert ist. Ab wann sie alle ihre Freunde **verloren** hat. Anfangs hatte sie noch ein paar Freunde in der Stadt, doch diese sind alle **weggezogen**. Und danach war sie so **beschäftigt** mit der Arbeit, dass sie keine Zeit hatte, sich neue zu suchen.

Nun ist sie **alleine** und **frustriert**. Doch sie weiß auch nicht wirklich, wo sie neue Freunde **herbekommen** soll. Die **damaligen** Freunde hat sie auf der Arbeit **kennengelernt**. Doch momentan gibt es dort niemanden, der auch nur **ansatzweise sympathisch** ist. Im Gegenteil, die Menschen auf ihrer Arbeit **gehen** ihr eigentlich nur **auf die Nerven** und sie **geht** ihnen so gut wie möglich **aus dem Weg**. Keiner von diesen Menschen **eignet** es sich als echter Freund für Svenja. Aber leider weiß sie genau, dass Freunde **notwendig** sind.

Svenja ist mittlerweile 32. Obwohl sie es nicht **zugeben** will, **hat** ihre Mutter **recht**. Sie muss es irgendwie schaffen, ihr Leben in den Griff zu bekommen, und endlich etwas daraus zu machen. Doch wo findet man Menschen, wenn man sie gerade braucht? Sie liebt diese Stadt, doch die Möglichkeiten, Freunde zu suchen, sind wirklich begrenzt. Sie könnte **allerhöchstens** einem **Töpfer**-Club **beitreten** oder einen Buchclub besuchen. Die einzige Möglichkeit Freunde zu finden, sind irgendwelche **nebensächlichen** Hobbys, auf die Svenja nicht wirklich **Lust hat**. Sie hat keinerlei Talente und auch nicht wirklich Interessen für irgendwelche Aktivitäten. Doch es bleibt ihr nichts anderes übrig. Spontan fällt ihr nichts ein, auf das sie wirklich Lust hat. Sie könnte ins Taekwondo, ins Judo, zum Tennis, zum Badminton, zum **Schwimmen**, oder sogar ins **Fitnessstudio**. Alle diese Möglichkeiten hat sie, doch keine davon scheint ihr wirklich **attraktiv**. Svenja nimmt sich vor, trotzdem eine der Dinge umzusetzen. Ansonsten würde sie wohl für immer allein in ihrer Wohnung sitzen. Außerdem hat sie momentan sehr viel freie Zeit in ihrem **Beruf** und hat diese bisher immer zu Hause verbracht. Svenja schaut gerne Filme, da sie so auch ohne andere Menschen **unterhalten** wird.

Bisher hat sie sich immer **eingeredet**, dass sie **schlichtweg introvertiert** ist. Doch eigentlich ist sie ein sehr **gesprächiger** Mensch. Aber heute ist sie erst einmal zu ihrer Mutter **eingeladen**. Wie jeden Mittwoch **Nachmittag** wollen die beiden zusammen einen Kaffee trinken. Aber besonders diesen Mittwoch hat Svenja keine große Lust dazu. Sie will sich nicht schon wieder anhören müssen, dass sie alles in ihrem Leben **verpasst**. Ihre Mutter ist oft sehr **kritisch** ihr gegenüber. Natürlich will sie nur das Beste für sie, doch das ist nicht immer **offensichtlich**. Trotzdem kann Svenja nicht einfach absagen. Ihre Mutter ist ein Mensch, der sehr schnell **beleidigt** ist. Besonders weil der Mittwoch für die beiden immer ein gemeinsamer Tag ist. Also macht Svenja sich auf den Weg und bereitet sich auf der Fahrt nach Hause schon einmal auf alle Fragen vor, die sie üblicherweise beantworten muss. Wie immer wird ihre Mutter ihr Geschichten von **Bekannten** erzählen, die bereits Kinder haben und eine glückliche Ehe **führen**. Genervt parkt Svenja in der Einfahrt ihre Eltern und nimmt noch einmal einen tiefen Atemzug, bevor sie das alles wieder **ertragen** muss. Normalerweise freut Sie sich auf den gemeinsamen Kaffee mit ihrer Mutter. Doch diese Woche ist ein wenig unpassend für Sie. Sie ist zurzeit einfach unzufrieden mit ihrem Leben und **wünscht** sich mehr Menschen, die für Sie da sind. Genau aus diesem Grund will sie sich nicht schon wieder die **üblichen** Aussagen anhören.

Dabei ist Svenja so in Gedanken **versunken**, dass sie vergessen hat, ihre **Handbremse anzuziehen**. Ihr Wagen rollt langsam nach hinten, auf die relativ stark **befahrene** Straße zu. Langsam wird Svenja klar, was gerade passiert. Doch diese **Erkenntnis** kommt zu spät. Svenja stößt mit einem **fahrenden** Auto zusammen. Das Auto kann nicht mehr rechtzeitig bremsen und rast in Svenjas Auto hinein. Svenja kann nicht glauben, wie ihr dieses **Missgeschick** passieren konnte. Sie hat nur eine einzige Sekunde nicht **aufgepasst**. Aber das hat anscheinend schon ausgereicht, um ein **Desaster** zu **verursachen**. Svenjas Mutter hat die Szene vom Küchenfenster aus beobachtet. Sie eilt auf die beiden Autos zu und schlägt die Hände über dem Kopf zusammen. „Svenja! Was hast du denn wieder **angestellt**?", ruft sie entsetzt. Svenja sitzt wie **festgefroren** im Auto. Sie befindet sich in einer Art **Schockstarre**. Die Situation wirkt für sie einfach **surreal**. Sie muss sich erst einmal bewusst machen, was gerade passiert ist. Als sie sich nach dem anderen Fahrer umsieht, ist sie überrascht. Es ist eine Frau, etwa in ihrem Alter. Irgendwoher kennt Svenja dieses Gesicht. Vielleicht aus dem **Kindergarten**, der **Grundschule**, oder dem **Gymnasium**? Die Frau war definitiv in irgendeiner Klasse mit Svenja. Doch Svenja fällt einfach nicht ein, welche es war. 'Vielleicht liegt es am **Schock**', denkt sie.

Die Frau scheint von dem Unfall nicht besonders mitgenommen zu sein. Sie befindet sich in einer **regen Unterhaltung** mit Svenjas Mutter und die beiden Frauen lachen sogar zusammen. Offensichtlich hat das Auto der Fremden einen tiefen **Kratzer** an der **Seite**, an der es mit Svenjas Auto **zusammengestoßen** ist. Svenja beobachtet, wie ihre Mutter der Frau ihre Daten gibt. Sehr wahrscheinlich regelt sie die **Versicherungsangelegenheiten** für Svenja. Ihr ist es ganz schön peinlich, dass sie sich nicht aus ihrer **Schockstarre lösen** kann. Sie sitzt immer noch vor dem **Lenkrad** und weiß nicht so recht, was sie tun soll. Anscheinend **hat** ihre Mutter alles **im Griff**. Tatsächlich steigt die andere Frau einfach wieder ins Auto und fährt davon. Anschließend holt Svenjas Mutter sie aus dem Auto und **beruhigt** sie. „Das kann doch jedem einmal passieren, es ist nicht so schlimm. Die Frau hat mir ihre Handynummer gegeben. Sie will, dass ihr beide euch auf einen Kaffee trefft und dann die **Versicherungsangelegenheiten erledigt**." Svenja ist **verblüfft**. „Was? Sie will sich mit mir auf einen Kaffee treffen obwohl ich ihr Auto **angefahren** habe?" „Ja, sie hat gesagt ihr kennt euch noch aus der Grundschule. Sie will mal wieder über die alten Zeiten sprechen.", antwortet Svenjas Mutter. „Na toll, der **Anlass** ist ja nicht gerade **angemessen**.", sagt Svenja. „Ach, jetzt stell dich nicht so an. So etwas passiert jedem einmal, das ist kein Grund sich so zu **benehmen**." „Na schön, das kann ja lustig werden. Ich kann ja schlecht Nein sagen.", sagt Svenja.

Dabei weiß Svenja nicht, dass es tatsächlich lustig werden wird. Denn die fremde Frau, deren Auto sie angefahren hat, ist ihre beste Freundin aus der ersten Klasse. Damals waren die beiden **unzertrennlich**. Doch Svenjas Freundin musste damals mit ihrer Familie in eine andere Stadt **ziehen**, da ihr Vater einen neuen Job gefunden hatte. Damals war Svenja sehr traurig gewesen. Doch als Kind **kommt** man über solche **Trennungen** schnell **hinweg**. Sie fand neue Freunde und **vergaß** ihre alte Freundin nahezu komplett. Aus diesem Grund konnte sie ihr Gesicht nicht wirklich zuordnen.

Doch als die beiden sich nach so vielen Jahren wiedersehen, haben sie einiges zu **besprechen**. Die beiden treffen sich in einem Café in der Stadt und unterhalten sich **angeregt** über die damaligen Zeiten. Das Beste daran ist, dass diese Freundin noch keine Kinder und keinen Mann hat. So etwas kommt in Svenjas kleinem Dorf nicht sehr oft vor. Ein Mensch, der tatsächlich noch nicht verheiratet ist. Für Svenja ist dies die **angenehmste** Unterhaltung seit Wochen. Endlich ein Mensch, der ihre Situation zu verstehen **scheint**. Andere

Leute **verurteilen** Svenja oft **vorschnell**, weil sie sich noch keine eigene Familie **aufgebaut** hat. Aber diese Frau hat sich ebenfalls um ihre Karriere gekümmert, während andere damit **beschäftigt waren** zu heiraten. Svenja ist sich sicher, dass sie sich mit ihr sehr gut verstehen wird.

Die beiden verstehen sich sogar so gut, dass sie ein erneutes Treffen ausmachen. Kann es wirklich sein? Hat Svenja auf diese komische Art und Weise eine neue Freundin gefunden? Vielleicht sollte sie öfter **Autounfälle anzetteln**. Dann würde ihr **Freundeskreis** wahrscheinlich **signifikant wachsen**. Der unerwünschte Ausflug zu ihrer Mutter hat sich also doch **gelohnt**. Und noch dazu war ihre Mutter nicht ganz so hart zu ihr gewesen, weil sie gerade ein Auto angefahren hatte. Svenja und ihre neue Freundin hatten einiges **nachzuholen**. Denn wäre sie damals nicht umgezogen, wären die beiden wahrscheinlich noch heute Freundinnen. **Genau** zum richtigen Zeitpunkt haben die beiden sich wieder gefunden. Natürlich werden die beiden sich trotzdem um die **Autoversicherung** kümmern.

Zusammenfassung der Geschichte

Svenja ist nicht unzufrieden mit ihrem Leben, aber sie weiß, dass ihr einige Dinge fehlen. Viele in ihrem Alter haben schon Kinder und eine glückliche Ehe, und das Einzige was Svenja hat, ist ihr Job. Aber das stört sie nicht wirklich. Das Einzige, was sie will, sind Freunde. Denn alle ihre Freunde sind weggezogen oder haben Kinder. Zufälligerweise wird Svenja eines Nachmittags in einen Autounfall mit einer alten Freundin verwickelt. Die beiden treffen sich und unterhalten sich über alte Zeiten. Tatsächlich hatte Svenja Glück im Unglück, denn der Autounfall hat ihr zu einer neuen Freundin verholfen.

Summary of the story

Svenja is not dissatisfied with her life, but she knows that she is missing some things. Many of the people her age already have children and a happy marriage, and the only thing Svenja has is her job. But that doesn't really bother her. The only thing she wants are friends. Because all her friends have moved away or have children. By chance one afternoon Svenja gets involved in a car accident with an old friend. The two women meet and talk about old times. In fact, Svenja was lucky in her misfortune, because the car accident helped her to find a new friend.

Vocabulary

- **aufgeschlossen:** open-minded
- **extrovertiert:** extroverted
- **spielen:** to play
- **umschwärmen:** to lionize
- **Dorf:** village
- **ziehen:** to move
- **erfüllen:** to fulfill
- **stark:** strong
- **brauchen:** to need
- **bewundernswert:** admirable
- **künsteln:** to make sth. work
- **glamourös:** glamerous
- **verstellen:** to imagine
- **mittlerweile:** by now
- **verheiratet:** married
- **die Uhr tickt:** the clock is ticking
- **anbetteln:** to beg someone
- **schenken:** to gift
- **zählen:** to count
- **stören:** to bother
- **verloren:** lost
- **wegziehen:** to move away
- **beschäftigt:** occupied
- **alleine:** alone
- **frustriert:** frustrated
- **herbekommen:** to get sth. from somewhere
- **damalig:** at that time
- **kennenlernen:** to get to know
- **ansatzweise:** to some extent
- **sympathisch:** sympathetic
- **auf die Nerven gehen:** to get on someone's nerves
- **aus dem Weg gehen:** to avoid
- **eignen:** suitable
- **notwendig:** necessary
- **zugeben:** to admit
- **Recht haben:** to be right
- **allerhöchstens:** at the very most
- **Töpfer:** potter
- **beitreten:** to join
- **nebensächlich:** secondary
- **Lust haben:** to have desire
- **schwimmen:** to swim
- **Fitnessstudio:** gym
- **attraktiv:** attractive
- **Beruf:** occupation

- **unterhalten:** to entertain
- **einreden:** to convince sb.
- **schlichtweg:** simply
- **introvertiert:** introverted
- **einladen:** to invite
- **Nachmittag:** afternoon
- **verpasst:** missed
- **kritisch:** critical
- **offensichtlich:** obviously
- **beleidigt:** insulted
- **Bekannte:** acquaintances
- **führen:** to lead
- **ertragen:** to endure
- **wünschen:** to wish
- **üblich:** usual
- **versunken:** sunk
- **Handbremse anziehen:** pull the hand brake
- **stark befahren:** heavy traffic
- **Erkenntnis:** knowledge
- **fahrend:** driving
- **Missgeschick:** misfortune
- **Desaster:** desaster
- **verursachen:** to cause
- **anstellen:** to act clumsy
- **Schockstarre:** state of shock
- **surreal:** surreal
- **Kindergarten:** kindergarden
- **Grundschule:** primary school
- **Gymnasium:** grammar school
- **Schock:** shock
- **rege:** active
- **Unterhaltung:** conversation
- **Kratzer:** scratch
- **Seite:** side
- **zusammenstoßen:** to collide
- **Versicherungsangelegenheit:** insurance matter
- **lösen:** to solve
- **Lenkrad:** steering wheel
- **im Griff haben:** to have under control
- **beruhigen:** to calm down
- **erledigt:** done
- **verblüfft:** amazed
- **angefahren:** hit by a car
- **Anlass:** occasion
- **angemessen:** appropriate
- **benehmen:** to behave
- **unzertrennlich:** inseparable
- **ziehen:** to pull
- **über etw. hinwegkommen:** to get over sth.

- **Trennung:** separation
- **vergessen:** to forget
- **besprechen:** to talk about
- **angeregt:** stimulated
- **angenehm:** pleasant
- **scheinen:** to shine
- **verurteilen:** to condemn
- **vorschnell:** rash
- **aufbauen:** to built up
- **beschäftigt sein:** to be busy
- **Autounfälle:** car accidents
- **anzetteln:** to instigate
- **Freundeskreis:** friend circle
- **signifikant:** significant
- **wachsen:** to grow
- **lohnen:** to be worth it
- **nachholen:** to catch up
- **genau:** exactly
- **Autoversicherung:** car insurance

Questions about the story

1. **Was wünscht Svenjas Mutter sich von ihr?**
   a) Dass sie ihr etwas mehr im Haushalt hilft.
   b) Dass sie ihr endlich Enkelkinder schenkt.
   c) Dass sie sich endlich einen neuen Job sucht.

2. **Wie plant Svenja neue Freunde zu finden?**
   a) Indem sie Menschen auf der Straße anspricht.
   b) Sie schaut auf Internetportalen nach.
   c) Sie will ein neues Hobby anfangen.

3. **Warum freut Svenja sich nicht auf den Nachmittag mit ihrer Mutter?**
   a) Sie will sich nicht die immer gleichen Dinge von ihr anhören.
   b) Sie will die Zeit lieber anders verbringen und sich Freunde suchen.
   c) Svenja hat eigentlich etwas anderes vor.

4. **Woher kennt Svenja die Person, deren Auto sie angefahren hat?**
   a) Die Person ist ihre Nachbarin.
   b) Aus dem Töpferkurs.
   c) Aus der Grundschule.

Answers

1. b)
2. c)
3. a)
4. c)

CHAPTER 6

ZUG-GESPRÄCHE

Die Menschen im Zug **faszinieren** Jan immer wieder aufs Neue. Täglich beobachtet er, wie sie ein- und **aussteigen**. Auf dem Weg zur Arbeit hat er schon einige Leute gesehen, von denen er sich immer noch fragt, was sie mit ihrem Leben machen. Manche von ihnen sehen glücklich aus und manche **unglaublich traurig**. Mit manchen von ihnen würde er gerne **tauschen** und mit manchen nicht. Natürlich weiß er von keinem von ihnen, was sie wirklich machen. Er **beobachtet** sie nur dabei, wie sie ihren **Fahrschein abstempeln** und sich einen Platz im Zug **suchen**.

Ab und zu beobachtet er auch, wie der eine oder andere vom **Kontrolleur erwischt** wird, weil er keine **Fahrkarte** hat. Das sind für Jan die **interessantesten** Menschen. Er kann einfach nicht verstehen, warum diese Leute keine Fahrkarte haben. Heutzutage sind Fahrkarten nicht wirklich teuer. Haben diese Menschen einfach einen **Hang** zu **Adrenalin**? Wollen sie erwischt werden, damit sie dann einen **Sprint hinlegen** können? Oder sind sie wirklich so arm, dass sie sich die Fahrt nicht leisten können? Wollen Sie vielleicht einen **Verwandten** im **Krankenhaus besuchen**, aber haben nicht genügend Geld dafür? Ist ihr Diebstahl **gerechtfertigt** oder **entspringt** er nur aus **reiner Bosheit**.

So gerne würde Jan die **Hintergrundgeschichten** all dieser Menschen kennen. Er würde gerne zu ihnen hingehen, sich neben sie setzen, und sie einfach nur fragen. Doch natürlich **kommt** das etwas **seltsam**

rüber. Außerdem dauert die Fahrt zur Arbeit nur etwa 15 Minuten. In dieser Zeit kann man kein wirkliches **Gespräch führen**. Allgemein redet er ja nicht so oft mit **fremden** Menschen. Er ist sehr **schüchtern** und **introvertiert**. Er beobachtet zwar gerne, aber ist nicht gerne das **Objekt** der **Beobachtung**. Er mag es nicht, wenn Menschen sich zu sehr für ihn interessieren. Denn Jan ist der Meinung, dass an ihm nichts interessant ist. Ab und zu wird er schon mal im Zug gefragt, was er in seinem Leben so macht. Trotzdem **weicht** er schnell **aus**, denn er arbeitet nur als normaler **Kellner**. Niemand will wirklich Geschichten hören, was er in seinem Berufsleben macht. Zumindest denkt Jan das.

Er hat immer das Gefühl, dass andere Menschen **wesentlich** interessanter sind als er. Manche **rennen eilig** in den Zug oder führen **hitzige Gespräche** am Telefon. Sie haben **spannende** Geschichten und **Dramen** in ihrem Leben, von denen Jan nur träumen kann. In seinem Leben passiert kaum etwas wirklich **Tolles** oder wirklich **Schlimmes**. Beides wäre ihm recht. Er hat keine **Extreme** in seinem Leben, es ist einfach nur normal und langweilig, aber dafür relativ gut. Manchmal wünscht Jan sich ein Drama, einfach nur weil es spannend ist.

Er beobachtet nicht selten, wie **Paare** sich im Zug **streiten** und aus dem Nichts ein Desaster erschaffen. Er glaubt, dass Menschen dies manchmal einfach aus Langeweile machen. Was haben die Menschen denn auch sonst zu tun? Alles, was wir wirklich tun können, ist, uns mit anderen zu unterhalten oder uns zu streiten. Das ist eben das ewige **Schicksal** der **Menschheit**. Doch Jan findet das nicht **tragisch**, er findet es **spannend**. Deswegen nimmt er sich vor, sich heute mit jemandem zu unterhalten.

Endlich wird er eine dieser **mysteriösen Geschichten** hören, die er sich so lange in seinem Kopf **ausgemalt** hat. Endlich wird er nicht mehr **spekulieren** müssen, was einer der Menschen mit seinem Leben macht, sondern er wird es **aus erster Hand erfahren**. Jan ist schon so gespannt, was er **in Erfahrung bringen** wird. Er kauft seine Fahrkarte und setzt sich an den Platz im Zug, an dem er immer sitzt. Es ist ein **Vierersitz**, von dem aus sich möglichst viele Plätze **überschauen** lassen. Es ist so ziemlich der beste **Aussichtsplatz** im ganzen Zug. Wenn dieser Platz mal besetzt ist, setzt Jan sich ganz in die Nähe davon oder nimmt sich gleich einen **Stehplatz**, von dem er alles **überschauen** kann.

Manch einer würde behaupten, Jan ist etwas gruselig, weil er die anderen Fahrgäste so sehr beobachtet. Aber damit ist Jan überhaupt nicht **einverstanden**. Für ihn ist das Beobachten nur **gruselig**, wenn wirklich böse **Absichten dahinterstecken**. Und schließlich hat er nicht vor, irgendjemanden dieser Leute zu **entführen**. Es ist einfach nur ein **gesundes Interesse** am Leben anderer. Ungefähr so, wie wenn jemand sich für das Leben eines Prominenten interessiert. Menschen sind für ihn einfach interessant. Seine Freunde können diese **Leidenschaft** überhaupt nicht **nachvollziehen**. Wenn sie sich in den Zug setzen, nehmen sie sofort ihre **Kopfhörer** und **beschallen** sich so lange mit Musik, bis sie an ihrem Ziel **angekommen** sind. Sie wollen so wenig wie möglich von der Fahrt mitbekommen und **verbringen** eigentlich die komplette Zeit in ihrem eigenen Kopf. Sie **machen** sich über unwichtige Dinge **Sorgen** und gehen **Gespräche** in ihrem Kopf durch, die sowieso nie wieder **passieren** werden. Immer wenn Jan andere beobachtet, geht er davon aus, dass diese genau dies tun.

Er würde so gerne wissen, wie die Gespräche in ihren Köpfen **aussehen**. Was genau die Menschen sich **vorstellen**. Sehen Sie sich vielleicht in einem Urlaub? Oder streiten sie gerade mit ihrem Freund über etwas, das eigentlich gar keine **Rolle spielt**? Sind sie vielleicht sogar ein ganz anderer Mensch? Das alles ist für Jan

unglaublich interessant. Er ist sich sicher, dass die meisten Menschen in ihrem Leben nur eine **Rolle** spielen. Dass viele von ihnen ihm nicht einmal verraten würden, was in ihnen vorgeht, wenn er sie wirklich fragen würde. Sie sind ein einziges **Mysterium**, das Jan niemals **entschlüsseln** wird. Denn die meisten Menschen setzen einfach eine **Fassade** auf, damit sie anderen nicht zeigen müssen, wie sie wirklich sind.

Jan weiß, dass heutzutage viele einfach nur **einsam** sind, auch wenn sie von vielen Menschen **umgeben** sind. Besonders im Zug erkennt er dieses Problem. Denn dort sitzen **hunderte** von Menschen **nebeneinander**, aber sie unterhalten sich nicht. Sie **sitzen wortwörtlich in einem Boot**, aber wollen nichts miteinander zu tun haben. Manche von ihnen reagieren sogar **wütend** oder **genervt**, wenn sie von anderen **angesprochen** werden. Deswegen muss Jan erstmal die Gesichtsausdrücke **überprüfen**, bevor er sich neben jemanden setzt. Er will es **unbedingt vermeiden**, ein **unangenehmes** Gespräch zu haben. Er will, dass sein erstes wirkliches Gespräch ein positives wird. Er muss sich die Person also ganz genau **auswählen**.

Es darf niemand sein, der **mürrisch dreinschaut** oder Kopfhörer trägt. Diese Menschen wollen zu 99% nicht angesprochen werden. Tut man dies trotzdem, werden sie nicht positiv **reagieren**. Stattdessen muss er sich jemanden suchen, der offenherzig und nett aussieht. Der einfach nur aus dem Fenster sieht oder ihn schon einmal nett **anlächelt**. Mit solchen Menschen würde er die besten **Chancen** haben. Meistens sind das alte Frauen, die so reagieren. Diese würden nie auf die Idee kommen, sich mit einem iPod in den Zug zu setzen. Allerhöchstens haben sie ein **Magazin** dabei, von dem sie sich aber nur allzu gerne **ablenken** lassen. Jan muss zugeben, dass er sich nicht mit einer alten Frau unterhalten will, obwohl diese wahrscheinlich am meisten zu erzählen hat. Er weiß, dass alte Menschen die **spannendsten** Geschichten haben. Doch trotzdem will er jemanden mit einem etwas **geringerem** Alter **ins Visier nehmen**.

Jemanden in seinem Alter, so etwa 25. Als Jan in den Zug einsteigt, muss er nicht lange suchen, bis er eine etwa 27 Jahre alte Frau findet. Zu seiner **Überraschung** trägt sie keine Kopfhörer und ist auch sonst nicht **abgelenkt**. Sie scheint einfach zu warten, bis der Zug losfährt. Langsam nähert er sich ihr, aber sie schaut nicht auf, um ihn **anzulächeln**. Trotzdem will er einen **Versuch** wagen und setzt sich einfach neben sie. „Hallo", sagt er. Die Frau antwortet zwar nicht, aber schaut zu einem kurzen **Lächeln** auf. Sie hat ein sehr **hübsches** Gesicht und wirkt sehr **freundlich** und **offenherzig**. Trotzdem scheint sie kein Gespräch **beginnen** zu wollen. „Ich bin Jan", sagt Jan freundlich. Die Frau schaut nur auf, lächelt und **nickt**. Vielleicht hat Jan die falsche Person **erwischt**, denn diese Frau scheint nicht an einem Gespräch **interessiert** zu sein. Eigentlich wäre es nun an der Zeit für sie, Jan ihren eigenen Namen zu verraten. Doch die Frau bleibt still.

„Wie heißen Sie?" Nun schaute die Frau Jan endlich in die **Augen** und sagte: „Ich bin Nina." „Schön, Sie **kennenzulernen,** Nina, wo müssen sie denn hin? Selbstverständlich will ich das nur wissen, damit ich Ihnen **rechtzeitig Platz machen** kann, wenn wir bei Ihrer **Haltestelle angekommen** sind." Nina sah nicht sehr überzeugt aus. „Ich muss bis nach Köln. Sie müssen also wahrscheinlich vor mir **aussteigen**." „Ja, da haben sie recht", antwortet Jan. „Was machen Sie denn so? Sie sehen so aus, als wären sie auf dem Weg in die Arbeit", fragt die junge Frau. „Das haben Sie gut **beobachtet**. Ich fahre **tatsächlich** in die Arbeit. Woher wissen sie das?" Die Frau lächelt. „Na ja, Sie **tragen** schon Ihre **Uniform**", antwortet sie. „Oh stimmt, das hätte ich wissen können. Wollen Sie mir gar nicht **verraten**, wohin Sie fahren?", fragt Jan neugierig. „Nein, es wäre doch sehr **fragwürdig** einem fremden Mann zu verraten, wo genau ich hinfahre.". „Da haben Sie wohl recht, aber ich habe es Ihnen ja auch verraten", antwortete Jan. „Tja so ist das eben. Ich **gebe** nicht gerne Dinge über mich **preis**."

Die Frau dreht sich nun weg, und sieht aus dem Fenster. "Na ja, wer tut das schon gerne." sagt Jan locker. Er will das Gespräch unbedingt **aufrechterhalten** und mehr über die mysteriöse Fremde Frau **erfahren**. Nur leider hat er das Gefühl dass diese nicht wirklich an einem Gespräch interessiert ist. Jetzt fehlt nur noch, dass sie sich Kopfhörer aus der Tasche **zieht**, denkt Jan. Aber zu seinem Glück passiert dies nicht. Im Gegenteil, die Frau dreht sich wieder zu ihm und schaut ihn **erwartungsvoll** an: "War das schon alles? Ich hätte nicht gedacht dass Sie so leicht aufgeben." Jan ist **verblüfft**. "Was meinen Sie?" fragt Jan verwirrt. "Naja, ich hätte gedacht dass Sie mich wenigstens nach meiner Handynummer fragen." antwortet die junge Dame. "Oh, nein. Das hatte ich gar nicht vor. Ich wollte mich nur ein wenig mit Ihnen unterhalten." antwortet Jan daraufhin. "Oh, wirklich? **Das glauben Sie ja wohl selbst nicht**. Bisher gab es noch keinen Mann der einfach nur mit mir reden wollte, ohne irgendwelche **versteckten Intentionen**." "Nein, wirklich. Ich wollte mir nur meine Zeit **vertreiben** und ein wenig über Sie **erfahren**. Das ist so eine Art Hobby von mir. Ich höre gerne Geschichten über das Leben anderer."

Jan weiß genau, wie sich das anhört. Wenn er eine Frau wäre würde er wahrscheinlich auch denken, dass der Gegenüber nur **auf** ein Date **aus ist**. "Sie müssen es mir ja nicht glauben. Ich kann mich auch woanders **hinsetzen** wenn Sie möchten.". "**Duzen** Sie mich doch bitte. Wenn ich ehrlich bin mache ich das auch manchmal." "Was?", fragt Jan. Manchmal setze ich mich auch einfach in den Zug und **stelle** mir die Geschichten der fremden Menschen um mich herum **vor**. Ich erzähle das nur **normalerweise** keinem, weil es etwas **seltsam** ist." "Wow, das hätte ich nicht gedacht. Du sahst so **desinteressiert** aus." Die Frau lächelt. "Naja, ich will ja nicht dass mich jemand für **komisch** hält. Oder dass jemand mich für eine **Stalkerin** hält.". "Ach quatsch.", sagte Jan. "Aber bisher habe ich mich noch nie **getraut** jemanden darauf anzusprechen. Du bist ganz schön **mutig** dass du mich einfach nach meinem Leben fragst." "Und, erzählst du mir nun was über dich oder nicht?" fragt Jan fordernd. "Hier doch nicht. Lass und mal zusammen einen Kaffee trinken gehen. **Anscheinend haben** wir einiges **gemeinsam**." Generell hat Jan nichts gegen eine neue **Bekanntschaft**. Er hat nur einfach nicht erwartet dass er diese so schnell findet. "Ja, das können wir gerne machen. Ich gebe dir meine Nummer." Jan ist fasziniert wie schnell er Kontakte knüpfen kann, wenn er einfach mal einen Menschen anspricht.

Zusammenfassung der Geschichte

Jan fährt täglich mit dem Zug zur Arbeit. Dabei sieht er jeden Tag sehr viele verschiedene Menschen. Er würde so gerne einmal wissen, was diese Leute so in ihrem Leben machen. Die Menschen, die er täglich sieht, haben alle ihre eigenen spannenden und vielleicht traurigen Geschichten. Sein eigenes Leben hält er für langweilig und jedes Mal, wenn ihn jemand danach fragt, lenkt er das Thema ab. Jan nimmt sich eines Tages vor, jemanden anzusprechen und eine dieser Geschichten zu hören. Dabei trifft er auf eine 27 Jahre alte Frau, die ebenfalls leidenschaftlich gerne andere Menschen im Zug beobachtet. Die beiden unterhalten sich und verabreden sich schließlich auf einen Kaffee.

Summary of the story

Jan takes the train to work every day. He sees a lot of different people every day. He would desperately like to know what these people do in their lives. The people he sees every day all have their own exciting and perhaps sad stories. He thinks his own life is boring and every time someone asks him about it, he switches the subject. Jan decides one day to talk to someone and hear one of these stories. He meets a 27-year-old woman who also loves to watch other people on the train. The two of them talk and finally arrange to meet for a cup of coffee.

Vocabulary

- **faszinieren:** to fascinate
- **aussteigen:** to get out
- **unglaublich:** unbelievable
- **traurig:** sad
- **tauschen:** to switch
- **beobachten:** to watch
- **Fahrschein:** ticket
- **abstempeln:** to punch
- **suchen:** to look for
- **Kontrolleur:** controller
- **erwischen:** to catch
- **Fahrkarte:** ticket
- **interessant:** interesting
- **Hang zu etw. haben:** to be prone to sth.
- **Adrenalin:** adrenaline
- **Sprint:** sprint
- **hinlegen:** to lay down
- **Verwandte:** relatives
- **Krankenhaus:** hospital
- **besuchen:** to visit
- **gerechtfertigt:** justified
- **entspringen:** to arise
- **rein:** pure
- **Bosheit:** malice
- **Hintergrundgeschichten:** background story
- **rüberkommen:** to come across as
- **seltsam:** strange
- **Gespräch führen:** have a conversation
- **fremd:** foreign
- **schüchtern:** shy
- **Objekt:** object
- **Beobachtung:** observation
- **ausweichen:** to avoid
- **Kellner:** waiter
- **wesentlich:** essential
- **rennen:** to run
- **eilig:** hurry
- **hitziges Gespräch:** heated conversation
- **spannend:** exciting
- **Dramen:** drama
- **toll:** great
- **schlimm:** bad
- **extrem:** extreme
- **Paare:** couples
- **streiten:** to fight
- **Schicksal:** destiny
- **Menschheit:** humanity
- **tragisch:** tragic
- **mysteriös:** mysterious
- **Geschichten:** stories
- **ausmalen:** to paint out
- **spekulieren:** to speculate
- **aus erster Hand erfahren:**

- to hear from horse's mouth
- **in Erfahrung bringen:** to find out
- **Vierersitz:** four-seater
- **überschauen:** to overlook
- **Aussichtsplatz:** viewing place
- **Stehplatz:** standing room
- **einverstanden:** agreed
- **gruselig:** creepy
- **Absichten:** intentions
- **dahinterstecken:** be behind sth.
- **entführen:** to kidnap
- **gesund:** healthy
- **Interesse:** interest
- **Leidenschaft:** passion
- **nachvollziehen:** to comprehend
- **Kopfhörer:** headphones
- **bestrahlen:** to irradiate
- **angekommen:** arrived
- **verbringen:** to spend
- **Sorgen machen:** to worry
- **Gespräche:** conversations
- **aussehen:** to look
- **vorstellen:** to introduce
- **Rolle spielen:** to play a role
- **unglaublich:** unbelievable
- **Mysterium:** mystery
- **Fassade:** facade
- **einsam:** lonely
- **umgeben:** to surround
- **hunderte:** hundrets
- **nebeneinander:** next to each other
- **sitzen:** to sit
- **wortwörtlich:** literally
- **in einem Boot sitzen:** to be in the same boat
- **wütend:** angry
- **genervt:** annoyed
- **ansprechen:** to talk to
- **überprüfen:** to check
- **unbedingt:** absolutely
- **vermeiden:** to avoid
- **unangenehm:** uncomfortable
- **auswählen:** to choose
- **mürrisch:** grumpy
- **dreinschauen:** to have a weird look
- **reagieren:** to react
- **anlächeln:** to smile at sb.
- **Chancen:** chances
- **Magazin:** magazine
- **ablenken:** to distract
- **gering:** low
- **ins Visier nehmen:** to target sth.

- **Überraschung:** surprise
- **Versuch:** try
- **hübsch:** pretty
- **freundlich:** friendly
- **offenherzig:** open-hearted
- **beginnen:** to begin
- **nicken:** to nod
- **interessiert:** interested
- **erwischen:** to catch sb.
- **Augen:** eyes
- **kennenlernen:** to get to know
- **rechtzeitig:** in time
- **Platz machen:** to make room
- **Haltestelle:** bus stop
- **ankommen:** to arrive
- **beobachten:** to watch
- **tatsächlich:** actually
- **tragen:** to wear
- **Uniform:** uniform
- **verraten:** to reveal
- **fragwürdig:** questionable
- **preisgeben:** to disclose sth.
- **aufrechterhalten:** to maintain
- **erfahren:** experienced
- **ziehen:** to pull
- **erwartungsvoll:** expectant
- **verblüfft:** amazed
- **Das glauben Sie ja wohl selbst nicht:** you don't even believe that yourself
- **versteckt:** hidden
- **Intentionen:** intentions
- **vertreiben:** to drive sb. away
- **erfahren:** experienced
- **auf etw. aus sein:** to be out for sth.
- **hinsetzen:** to sit down
- **Duzen:** addressing someone informally
- **vorstellen:** to imagine
- **normalerweise:** normally
- **seltsam:** strange
- **desinteressiert:** disinterested
- **Stalker:** stalker
- **komisch:** weird
- **trauen:** to trust
- **mutig:** brave
- **anscheinend:** apparently
- **gemeinsam haben:** to have in common
- **Bekanntschaft:** acquaintance

Questions about the story

1. **Warum wünscht Jan sich Drama in seinem Leben?**
   a) Sein Leben ist ihm zu glücklich.
   b) Sein Leben ist ihm zu langweilig.
   c) Er will sich mal wieder mit jemandem streiten.

2. **Warum setzt Jan sich nicht neben jemanden, der Kopfhörer trägt?**
   a) Er mag es nicht die Musik anderer durch die Kopfhörer zu hören.
   b) Er mag lieber alleine sitzen.
   c) Weil die Person sich wahrscheinlich nicht mit ihm unterhalten will.

3. **Warum verrät die Fremde Jan nichts über ihr Leben?**
   a) Sie gibt nicht gerne Dinge über sich preis.
   b) Sie hat keine Lust, sich zu unterhalten.
   c) Sie will lieber etwas über Jan wissen.

4. **Warum fragt die Fremde andere nicht nach deren Leben?**
   a) Es interessiert sie nicht.
   b) Sie hat keine Zeit.
   c) Sie traut sich nicht.

Answers

1. b)
2. c)
3. a)
4. c)

CHAPTER 7

PARTY-ORGANISATION

Obwohl es sehr einfach klingt, ist es kein **Kinderspiel**, **Kindergeburtstage** zu **organisieren**. Man muss alles genau **einhalten**, was sich das **Geburtstagskind wünscht**. Wenn nicht, kann es ganz schnell mal **passieren**, dass das Kind **aggressiv** wird und anfängt zu **weinen**. Ob man alles richtig gemacht hat, merkt man erst, wenn es dann soweit ist. Wenn das Kind schon in **Tränen ausgebrochen** ist. Genau das ist Sabrinas Problem. Sie arbeitet zwar schon seit Jahren als Party Organisatorin, doch trotzdem **hat** sie **den Dreh** immer **noch nicht** so richtig **raus**. Sie ist sich immer noch nicht so richtig sicher, wie man ein Kind **maximal glücklich machen** kann. Das mag vielleicht daran liegen, dass sie selbst keine Kinder hat. Und das will sie auch in **naher Zukunft** noch nicht. Doch es wäre sehr **praktisch** in ihrem **Beruf**, da sie die Kleinen dann besser **einschätzen** könnte.

Natürlich macht sie ihren Job trotzdem gut. Sie tut ihr Bestes und das wissen die Eltern auch. Deswegen geben diese ihr keine schlechte **Bewertung**, auch wenn das Kind anfängt zu weinen. Denn **Tatsache** ist, das Kinder **unberechenbar** sind. An einem Tag wollen sie das eine, am anderen das andere. Meistens **erinnern** sie sich selbst nicht daran, was sie eigentlich wollten. Einmal hatte Sabrina einen **Luftballonclown** engagiert, der **Luftballon-Kronen** für alle **Anwesenden** Kinder machte. Soweit war alles in Ordnung, doch plötzlich fing das Geburtstagskind an zu weinen. Es stellte sich heraus, dass es nicht wollte, dass irgendjemand außer ihm selbst

Luftballon-Kronen bekommt. Es wollte also, dass alle anderen Gäste nur **zusehen**, während es selbst **gefeiert** wird.

Das konnte Sabrina natürlich nicht **voraussehen**. Schließlich ist sie keine **Hellseherin** und kann erst recht nicht in die **Köpfe** der Kinder schauen. Manchmal wünscht sie sich, dass Kinder besser **kommunizieren** könnten. Eines von Sabrinas größten Problemen ist nämlich, dass Ihre **Hauptkundschaft** unter 10 Jahren alt ist. Das bedeutet, alle **Angaben** zu ihrem **Beruf** sind **dauerhaft unpräzise**. Die meiste Zeit muss sie eigentlich selbst **erraten**, was das kleine Kind will. Und so ist es auch diesmal.

Gerade erst heute hat sie eine **Anfrage** von einer Familie mit zwei kleinen Kindern bekommen. Die beiden sind Zwillinge und wünschen sich zum Geburtstag einen **lustigen Clown**. Die Anfrage ist sehr **kurzfristig**, denn der Geburtstag ist bereits in drei Tagen. Zum Glück hat Sabrina eine **Reihe** von **Kontakten**, was **Geburtstags-Clowns** angeht. Einige von ihnen freuen sich sehr, dass sie Sabrina kennen, weil sie seitdem vielmehr Jobs bekommen. Auch Sabrina weiß, dass sie in der Szene ein **nützlicher** Katalysator ist. Durch sie bekommen so viele Clowns Jobs, die normalerweise auf der Straße **Geld sammeln** müssten. Deswegen entscheidet sie sich heute dazu, Darius **anzurufen**. Darius ist ein **einwandfreier** Clown, der bis jetzt immer alle Kinder **zum Lachen gebracht** hat. Er kann außerdem **Luftballons** falten, obwohl dies bei diesem Geburtstag nicht wirklich **gefragt** ist. Trotzdem ist es eine **Fähigkeit**, die nicht schaden kann. Denn sollten die Kinder **spontan** gelangweilt sein, kann er dies immer noch machen.

Nicht selten passiert es, dass die eigentlich **geplante Show** den Kindern nicht gefällt. Und dann wird es **brenzlig**, denn um die Lage zu **retten**, braucht es etwas Neues. Etwas, was die Kinder noch nicht gesehen haben. Der Luftballon-Kronen Trick funktioniert meistens sehr gut. Eigentlich ist es Sabrinas **Hauptaufgabe**, den Eltern die **Unterhaltungsarbeit abzunehmen**. Schon oft hat sie es erlebt, dass die Eltern auf Kindergeburtstagen die **Alleinunterhalter** spielen, während die Kinder **schreiend** durch die Gegend rennen oder Sachen kaputt machen. Solche Erfahrungen sind natürlich für niemanden gut. Außer für die Kinder, die daran **reichlich** Spaß haben. Sabrina ist in ihrer Stadt aber bereits bekannt dafür, solche Desaster zu vermeiden.

Zu ihrem Glück hat Darius zugestimmt, in drei Tagen auf dem Geburtstag zu **erscheinen**. Sabrina trifft schon mal die **restlichen Vorbereitungen** und kauft **Dekorationen** sowie ein paar **Snacks** ein. Sie hat ein gutes Gefühl, was diese Party angeht. Sabrinas **exzellente Intuition verrät** ihr meistens schon vorher, wenn eine **Katastrophe im Anmarsch** ist. Aber diesmal fühlt sich alles **einwandfrei** an. Schließlich ist der Tag gekommen und Sabrina lädt das **Partyzubehör** aus dem Auto. Die Geburtstagskinder begrüßen sie bereits fröhlich, und es sind sogar schon ein paar **Partygäste** da. Doch die Kinder sind meistens so **beschäftigt** mit ihren **Spielereien**, dass sie es gar nicht merken, wenn Sabrina die Party erst **aufbaut**.

Von den Eltern **erfährt** sie, dass heute 20 Kinder kommen. Das sind ganz schön viele, denkt Sabrina. Aber Darius wird sicher damit **umgehen** können. Apropos Darius, wo ist er? Normalerweise ist er mindestens 10 Minuten vor Sabrina da, nur um **sicherzugehen**. Aber heute war keine Spur von ihm zu sehen. Auch die Eltern der Geburtstagskinder versichern Sabrina, dass sie ihn noch nicht gesehen haben. Vielleicht hatte er noch etwas zu **erledigen**, denkt Sabrina. Bestimmt ist er in mindestens fünf Minuten da. Sabrina zweifelt nicht daran, denn auf Darius kann man sich immer verlassen. Er hat Sabrina noch nie **enttäuscht**.

Da fängt plötzlich ihr Handy an zu **klingeln**. Sabrina zieht es aus der

Tasche und sieht auf dem **Bildschirm**, dass Darius sie anruft. **Vermutlich** macht er noch ein paar **Besorgungen** und will mich fragen, ob ich etwas brauche, denkt Sabrina, doch da täuscht sie sich. „Hallo? Sabrina, bist du es?" „Ja, was ist los Darius?" „Ich habe schlechte Nachrichten. Ich habe plötzlich die **Magen-Darm-Grippe** bekommen, und kann leider nicht zu dem Geburtstag **erscheinen**." „Wie meinst du das? Was soll ich denn jetzt **deiner Meinung nach** machen?", fragt Sabrina. Jetzt wo Darius keine Zeit mehr hat, ist sie ganz schön **aufgeschmissen**. Die Kinder werden bereits **unruhig** und haben schon ein paar Mal nach dem Clown gefragt. Von den Eltern hat Sabrina gehört, dass die Kinder sich dieses Jahr nur einen Clown gewünscht haben, und sonst nichts. Das bedeutet, Sabrina kann sie auf keinen Fall **enttäuschen**. Sonst ist dies das Ende ihres kleinen **Geburtstags-Unternehmens**. Doch ehrlich gesagt hat Sabrina **keinen blassen Schimmer**, was sie jetzt tun soll.

Sie könnte versuchen, andere Clowns **spontan** zu erreichen. Vielleicht hat ja irgendjemand Zeit, denkt sie, also telefoniert sie mit mindestens fünf Clowns aus ihrer **Kontaktliste**. Doch keiner von ihnen hat Zeit, spontan zu kommen. Also bleibt Sabrina nur eins übrig. Sie muss sich selbst in einem Clown **verwandeln**. So etwas ist ihr noch nie passiert. Sie hat keine Ahnung, wie man sich als Clown **verhält** oder was die Kinder eigentlich sehen wollen. Das ist genau der Grund, warum Sabrina nicht der Clown ist, sondern der Organisator. Aber das muss sie jetzt hinter sich lassen. Jetzt muss sie sich **gedanklich** in einen Clown **hineinversetzen**. Zuerst einmal das Outfit. Was würde ein Clown **an ihrer Stelle** tragen? Das Problem ist, dass sie jetzt keine anderen Klamotten dabei hat.

Aus den Augenwinkeln bemerkt Sabrina ein paar **Farben** der Kinder. Es sind **Acrylfarben**, also könnte sie sich damit die Klamotten **anmalen**. **Schweren Herzens** nimmt Sabrina etwas Rot und etwas Gelb und **kleckst** es sich auf ihre **Lieblingsbluse**. Jetzt sieht sie schon um einiges mehr nach einem Clown aus. Als nächstes braucht Sabrina eine rote **Clownsnase**. Zwar hat sie sich schon überlegt, das mit Acrylfarbe zu machen, aber es wäre nicht das gleiche. Deswegen fragt sie die Eltern, ob sie eine Tomate aus dem **Kühlschrank ausleihen** kann und tatsächlich hält die **Tomate** mit etwas **Mühe** auf ihrer Nase. Nun muss sie sich nur noch das Gesicht etwas schminken und fertig ist ihr Clowns-Outfit. Zu Sabrinas Glück hat die Mutter einiges an **Faschingsschminke** zu Hause, womit sie ihr das Gesicht weiß anmalt.

Vor der Mutter der Geburtstagskinder tut Sabrina so, als würde alles **nach Plan laufen**. Sie **behauptet** einfach, dass sie selbst immer als Clown **auftritt**. Jetzt muss sie sich nur noch eine **Nummer einfallen lassen**, die den Kindern gefällt. Das ist der **schwierigste** Teil, denn Sabrina mag Kinder zwar, aber sie weiß nicht, was Kinder mögen. Ab und zu hat sie die anderen Clowns dabei **beobachtet**, wie sie ihre Show machen. Das Problem ist, dass diese meistens **Utensilien** hatten, um die Kinder zu **überzeugen**. Sabrina muss nun eine ganz andere **Persönlichkeit** annehmen. Sie muss jemand werden, der **wesentlich** lustiger ist als sie selbst. Jemand, den die Kinder lieben. Also setzt Sabrina sich für ein paar Minuten alleine in die Küche, und versucht ihren kompletten **Gedankenstrom** zu ändern. Sie denkt nur noch an fröhliche und lustige Sachen und versucht dies auch nach außen hin **auszustrahlen**.

Sie **setzt** sich ein Lächeln **auf** die Lippen und **verkündet** schließlich an die Eltern, dass sie bereit für die **Show** ist. Aus dem **Nebenzimmer** hört sie, wie die Kinder anfangen zu **jubeln**, als sie diese **Nachricht** bekommen. Jeder freut sich auf den Clown, nur Sabrina nicht wirklich. Sie ist es **gewohnt**, sich einfach nur **zurückzulehnen** und die Show zu **genießen**. Doch diesmal ist sie die Show, und sie wird es bestimmt nicht **genießen**. Nun **trampelt** Sabrina in den Raum voller Kinder, und beginnt ihre Show. „Na, Kinder? Seid ihr bereit für einen lustigen und **spaßigen Kindergeburtstag?**" „Ja!", schreien die Kinder. Sie scheinen gar nicht zu bemerken, dass etwas nicht **wie geplant** läuft. Für Sie ist Sabrina der Clown.

Dann versucht Sabrina, einen Witz zu erzählen. Das einzige Problem ist, dass sie nur Witze für erwachsene Menschen kennt. Und diese kommen **dementsprechend** nicht gut bei Kindern an. Als sie fertig mit dem Witz ist, **schweigen** die Kinder. Eines von ihnen fragt: „Soll das lustig sein?" Sabrina weiß, dass dies ihr **Tod** ist. Jetzt sind die Kinder schon etwas **genervt** und haben keine wirkliche Lust mehr auf ihre Show. Sabrina weiß nicht, was sie tun soll. Sie hat **plötzlich** einen **völligen Blackout**. Ihr fällt absolut nicht mehr ein, was sie sagen soll. Selbst die Eltern schauen sie **fassungslos** an. Sie wissen nicht, wofür sie eigentlich Geld **ausgegeben** haben. Auch die Geburtstagskinder sehen traurig und **enttäuscht** aus. Sie haben sich so **gefreut**, auf ihrem Geburtstag einen Clown zu haben. Die Eltern haben Sabrina erzählt, dass die Geburtstagskinder ihre Freunde **beeindrucken** wollten. Aber dieses **Vorhaben** ist nun **garantiert gescheitert**.

Denn Sabrina ist kein guter Clown. Sie ist ein ganz normales Mädchen, dass sich etwas Geld dazu **verdienen** wollte. Und noch dazu ist sie nicht besonders lustig, Clown oder nicht. Sabrina ist klar, dass sie schon **verloren** hat. Sie hört auf mit den schlechten Witzen, und ist kurz davor, den Raum zu **verlassen**. Als sie den ersten Schritt in Richtung Türe macht, fällt ihr die Tomate von der Nase, und sie **rutscht** direkt darauf **aus**. In einem Ruck fällt Sabrina auf den Boden. Da brechen die Kinder plötzlich in ein **schallendes Gelächter** aus. Das hätte sich Sabrina ja denken können. Kinder haben immer Spaß, wenn andere Leute sich **weh tun**. 5 Minuten lang lachen die Kinder ausgelassen: „Haha, das war ja gar keine **Clownsnase**, das war ja einfach nur eine Tomate!"

Da hat Sabrina plötzlich eine Idee. Schnell holt sie ein paar Tomaten aus dem Kühlschrank und verteilt sie an die Kinder. !So, Kinder jeder von euch darf mir eine Frage stellen. Wenn ich sie falsch **beantworte**, dürft ihr mich mit einer Tomate **bewerfen**. Wenn ich sie jedoch richtig beantworte, müsst ihr einen eurer Freunde mit der Tomate bewerfen." Zu Sabrinas **Überraschung** kommt diese Idee bei den Kindern sehr gut an. Die meisten Kinder fragen Sabrina etwas, was sie nie hätte wissen können. Natürlich war das **Absicht**, damit Sie Sabrina **abwerfen** dürfen. Ein paar der Fragen beantwortet sie aber auch richtig, so dass die Kinder auf einen ihrer Freunde werfen müssen. Allgemein funktioniert das Spiel sehr gut, und die Kinder können kaum **aufhören** zu lachen.

Sabrina kann nicht fassen, dass sie die Situation sich wieder **gebessert** hat. Plötzlich klingelt es an der Haustür und alle Kinder rennen, um sie **aufzumachen**, weil sie denken, es ist die Party Pizza. Aber vor der Tür steht nicht der **Pizzalieferant**. Es ist noch ein Clown. „Hallo, Kinder!", sagt er fröhlich, „Seid ihr bereit für noch mehr Spaß?" Die Kinder brechen in fröhliches **Geschrei** aus und rennen auf Sabrina zu, um ihr die **Neuigkeiten** zu erzählen. Der neue Clown erzählt Sabrina, dass er ein Freund von Darius ist, und hier ist, um ihn zu **ersetzen**. „Na das kommt ja früh…", denkt Sabrina aber wenigstens kann sie ihren **albernen Auftritt** nun beenden und an den echten Clown **weitergeben**. Das war ein ganz schönes Abenteuer, das Sabrina so schnell nicht **wiederholen** will.

Zusammenfassung der Geschichte

Sabrina hat einen außergewöhnlichen Job. Sie organisiert Geburtstagspartys für kleine Kinder. Dazu engagiert sie nicht selten einen Clown, der die Kinder unterhalten soll. So ist es auch bei diesem Geburtstag. Es gibt nur ein Problem: der Clown sagt spontan ab, da er krank ist. Nun muss Sabrina improvisieren. Sie verkleidet sich selbst als Clown und versucht den Kindern eine tolle Show zu liefern. Zunächst kommen ihre Witze nicht gut an, doch als Sabrina sich mit Tomaten bewerfen lässt, haben die Kinder eine Menge Spaß. Nach dieser Aktion steht endlich ein neuer Clown vor der Haustüre, der Sabrina von ihrem Leid befreit.

Summary of the story

Sabrina has an extraordinary job. She organizes birthday parties for small children. She often hires a clown to entertain the children. It is the same with this birthday. There is only one problem: the clown spontaneously cancels because he is ill. Now Sabrina has to improvise. She disguises herself as a clown and tries to give the children a great show. At first her jokes are not received well, but when Sabrina lets herself be thrown at with tomatoes, the children have a lot of fun. After this a new clown finally rings the doorbell and frees Sabrina from her suffering.

Vocabulary

- **Kinderspiel:** piece of cake
- **Kindergeburtstag:** children's birthday party
- **organisieren:** to organize
- **einhalten:** to keep to
- **Geburtstagskind:** birthday child
- **wünschen:** to wish
- **passieren:** to happen
- **aggressiv:** aggressive
- **weinen:** to cry
- **Tränen:** tears
- **ausgebrochen:** broke out
- **noch nicht:** not yet
- **den Dreh raushaben:** to get the hang of it
- **nahe Zukunft:** near future
- **maximal:** maximal
- **glücklich machen:** to make happy
- **praktisch:** practical
- **Beruf:** occupation
- **einschätzen:** to assess
- **Bewertung:** review
- **Tatsache:** fact
- **unberechenbar:** unpredictable
- **erinnern:** to remember
- **Luftballon Clown:** balloon clown
- **Luftballon-Krone:** balloon crown
- **Anwesenden:** everyone present
- **zusehen:** to watch
- **gefeiert:** celebrated
- **vorraussehen:** to anticipate
- **Hellseherin:** psychic
- **Köpfe:** heads
- **kommunizieren:** communicate
- **Hauptkundschaft:** main customer base
- **Angaben:** data
- **dauerhaft:** permanent
- **unpräzise:** imprecise
- **erraten:** to guess
- **Anfrage:** request
- **Clown:** clown
- **kurzfristig:** short-term
- **Reihe:** series
- **Kontakte:** contacts
- **nützlich:** useful
- **Geld sammeln:** to collect money

- **anrufen:** to call
- **einwandfrei:** impeccable
- **zum Lachen bringen:** to make sb. laugh
- **Luftballon:** balloon
- **gefragt sein:** to be in demand
- **Fähigkeit:** ability
- **geplant:** planned
- **Show:** show
- **brenzlig:** dicey
- **retten:** to save
- **Hauptaufgabe:** main task
- **Unterhaltungsarbeit:** entertainment work
- **abnehmen:** to decrease
- **Alleinunterhalter:** solo entertainer
- **schreiend:** screaming
- **erscheinen:** to show up
- **restlich:** residual
- **Vorbereitung:** preparation
- **Dekoration:** decoration
- **Snacks:** Snacks
- **exzellent:** excellent
- **Intuition:** intuition
- **verraten:** to tell
- **Katastrophe:** catastrophe
- **im Anmarsch sein:** to be advancing
- **einwandfrei:** immaculate
- **Partyzubehör:** party supplies
- **Partygäste:** party guests
- **beschäftigt:** occupied
- **Spielereien:** gimmickry
- **aufbauen:** to build up
- **erfahren:** experienced
- **umgehen:** to handle
- **sichergehen:** to make sure
- **erledigen:** to get done
- **enttäuscht:** disappointed
- **klingeln:** to ring
- **Bildschirm:** screen
- **vermutlich:** probably
- **Besorgungen:** errands
- **Magen-Darm-Grippe:** gastric flu
- **erscheinen:** to turn up
- **deiner Meinung nach:** in your opinion
- **aufgeschmissen:** smitten
- **unruhig:** unsettled
- **Geburtstags-Unternehmen:** birthday business
- **keinen blassen Schimmer haben:** to have not the first idea
- **Kontaktliste:** contact list
- **verwandeln:** to turn into
- **verhalten:** to act

- **gedanklich hineinversetzen:** to empathise with sb.
- **an ihrer Stelle:** in your stead
- **Farben:** paints
- **Acrylfarben:** acrylic paints
- **schweren Herzens:** heavy-heartedly
- **klecksen:** to blob
- **Lieblingsbluse:** favorite blouse
- **Clownsnase:** clown nose
- **Kühlschrank:** fridge
- **ausleihen:** to borrow
- **Tomate:** tomato
- **Mühe:** effort
- **Faschingsschminke:** carnival make-up
- **nach Plan laufen:** to go according to plan
- **behaupten:** to claim
- **auftreten:** to appear
- **einfallen lassen:** to come up with sth.
- **Nummer:** act
- **schwierig:** difficult
- **beobachten:** to watch
- **überzeugen:** to convince sb.
- **Utensilien:** utensils

- **Gedankenstrom:** stream of thought
- **ausstrahlen:** to exude
- **aufsetzen:** to put on
- **verkünden:** to announce
- **Show:** show
- **Nebenzimmer:** sideroom
- **Nachricht:** message
- **jubeln:** to cheer
- **gewohnt sein:** to be used to
- **zurücklehnen:** to lean back
- **genießen:** to enjoy
- **trampeln:** to trample
- **spaßig:** fun
- **wie geplant:** as planned
- **dementsprechend:** accordingly
- **schweigen:** to keep quiet
- **Tod:** death
- **genervt:** annoyed
- **plötzlich:** suddenly
- **völlig:** entire
- **Blackout:** blackout
- **fassungslos:** baffled
- **ausgeben:** to spend
- **enttäuscht:** disappointed
- **freuen:** to be excited
- **beeindrucken:** to impress
- **Vorhaben:** intention

- **garantiert:** guaranteed
- **gescheitert:** failed
- **verdienen:** to earn
- **verloren:** lost
- **verlassen:** to leave
- **ausrutschen:** to slip
- **schallend:** resounding
- **Gelächter:** laughter
- **weh tun:** to hurt
- **beantworten:** to answer
- **bewerfen:** to throw at sb.
- **Überraschung:** surprise
- **Absicht:** purpose
- **aufhören:** to stop
- **bessern:** to get better
- **aufmachen:** to open
- **Pizza-Lieferant:** pizza delivery boy
- **Geschrei:** screams
- **Neuigkeiten:** news
- **ersetzen:** to replace
- **albern:** ridiculous
- **Auftritt:** gig
- **wiederholen:** to repeat

Questions about the story

1. **Was funktioniert meistens, wenn den Kindern die Show nicht gefällt?**
   a) Luftballon-Kronen.
   b) Kuchen.
   c) Eine Hüpfburg.

2. **Warum muss Sabrina sich als Clown verkleiden?**
   a) Es ist ihr Job.
   b) Der eigentliche Clown ist krank.
   c) Die Kinder wollen lieber Sabrina als Clown sehen.

3. **Warum lachen die Kinder auf einmal doch?**
   a) Sabrina fängt an zu jonglieren.
   b) Sabrina erzählt einen lustigen Witz.
   c) Sabrina rutscht auf einer Tomate aus.

4. **Warum hat Sabrina letztendlich doch ihre Ruhe?**
   a) Der neue Clown ist da.
   b) Die Pizza ist da.
   c) Der Geburtstag ist vorbei.

Answers

1. a)
2. b)
3. c)
4. a)

CHAPTER 8

NACHBARSCHAFTSPROBLEME

Wenn es eine Sache gibt, die Jonas nicht **leiden kann**, dann ist es seine Nachbarin. Er **wohnt** schon seit Jahren in seinem Gebäude. Es ist ein ganz normaler Block mit ungefähr 40 Bewohnern. Seine Wohnung ist nur 25 Quadratmeter groß und die seiner Nachbarn sind ebenfalls alle gleich groß. Über ihm wohnen **mindestens** vier Leute und unter ihm eine Person. In diesem Haus leben die Menschen sehr **nah aneinander**. Meistens kann Jonas die **Telefongespräche** durch die **Wände** hören. Er hört es jedes Mal, wenn seine Nachbarin wieder einmal mit ihrem Freund **Schluss macht**. Doch noch schlimmer ist es, dass Jonas auch die **Versöhnung** mitbekommt. Und diese findet so gut wie immer in ihrer Wohnung statt. Langsam bekommt Jonas den Verdacht, dass ihr Freund überhaupt gar keine eigene Wohnung hat. Denn eigentlich ist er immer zu Besuch, außer sie haben sich einmal gestritten.

Normalerweise würde Jonas das kein Stück interessieren. Aber leider bekommt er so viel davon mit, dass ihm nichts anderes übrig bleibt als die **Privatangelegenheiten** seiner Nachbarn **genauestens** zu kennen. Das wäre ja alles kein Problem, wenn Jonas nicht noch mehr **Unannehmlichkeiten** von dieser Nachbarin zu ertragen hätte. Jonas hat sogar eine ganze Liste mit den Dingen, die ihn an ihr stören. Diese Liste hat er vor etwa einem halben Jahr **begonnen**. Denn damals hatte er den **Hausmeister** gefragt, was er gegen seine schlimme Nachbarin tun kann. Die einzige Möglichkeit ist, eine solche Liste an die Hausverwaltung zu schicken und zu hoffen, dass die Nachbarin **ausziehen** muss. Natürlich erscheint dies zunächst etwas unfair. Wer würde schon wollen, dass jemand einfach so aus der Wohnung **geschmissen** wird. Aber jeder, der dieselben Dinge ertragen müsste wie Jonas, würde ihm bei der Sache **Recht geben**.

Anfangs hat Jonas sich sogar **überlegt**, ob er einfach ausziehen und sich die ganze Mühe sparen soll. Aber so eine billige Wohnung wie diese findet er so schnell wohl nicht mehr. Und warum sollte er die ganze Mühe **auf sich nehmen**, wenn er doch gar nicht schuld ist? Jonas ist ein perfekter Nachbar. Er macht kaum Lärm und wenn er Musik hört, dann nur über seine Kopfhörer. Ab und zu fragt er seine Nachbarn ob sie etwas von ihm hören, und diese **verneinen** immer. Jonas ist ein sehr ruhiger Geselle und über ihn **beschwert** sich **garantiert** niemand. Doch Jonas' Nachbarin von oben hat schon einige **Beschwerdebriefe** bekommen. Das Problem ist nur, dass sie nie etwas ändert oder auf diese antwortet. Jonas vermutet, dass Sie ganz einfach nie in ihren Briefkasten schaut. Oder vielleicht sind ihr die Meinungen ihrer Nachbarn auch **schlichtweg** egal. Denn ein solches Verhalten kann nur von jemandem kommen, der absolut **rücksichtslos** und **gleichgültig** ist. Die meisten Menschen würden sich gar nicht trauen, andere so zu behandeln.

Das Schlimmste ist, dass die meisten Bewohner des Hauses **Rentner** sind. Alles, was sie wollen, ist Ruhe. Warum genau diese **störende** Frau dort einziehen durfte, weiß niemand so genau. Sie ist Studentin und ist deswegen noch wesentlich aktiver als die anderen Bewohner, die mindestens zu 95% über 80 sind. Aber das soll sich jetzt ändern. Jonas hat es sich zur Mission gemacht, die Nachbarin **rauszuschmeißen**. Damit würde er allen anderen Bewohnen ebenfalls einen **Gefallen tun**. Jonas weiß, dass einige von ihnen auch schon eine Liste führen. Doch der beste Mann für diese Mission ist Jonas, denn er wohnt direkt unter ihr. Heute kann er schon wieder einmal etwas auf die Liste schreiben.

Es ist ein **sonniger** Tag und als Jonas vorhin auf seinem Balkon lag, gab es plötzlich einen **regelrechten Wasserfall** auf seine **Füße**. In dieser Situation wusste er erst einmal gar nicht, was eigentlich passiert war. Später hat er dann erfahren, dass seine Nachbarin über ihm einen Eimer Wasser auf ihren Balkon geschüttet hat. Warum genau weiß niemand. Jonas hat sogar versucht, bei ihr zu klingeln und sie zu fragen, was das sollte. Doch wie immer hat sie die Tür nicht **aufgemacht**. Solche kleinen **Vorfälle** kann er ja normalerweise verzeihen. Er ist kein sehr nachtragender Mensch. Doch es gibt täglich etwas, das ihn stört. Und auch die kleinen Dinge **stapeln** sich irgendwann mal sehr **hoch**. Am meisten hasst Jonas es, dass die Nachbarin ihren **Rauch** immer in den **Lüftungsschacht** bläst. Vermutlich denkt sie, dass die Luft so nach außen **transportiert** wird. Die Wahrheit ist aber, dass alle Wohnungen über den Lüftungsschacht **verbunden** sind. Das bedeutet, was die Nachbarin in den Lüftungsschacht bläst, kommt bei Jonas und allen anderen Nachbarn wieder heraus. Aber hauptsächlich bei Jonas, da seiner am nächsten an ihrem Lüftungsschacht ist.

Zu diesem Vorfall hat Jonas der Nachbarin einen **Brief geschrieben**, aber sie scheint immer noch in ihrer Wohnung zu **rauchen**. Als Jonas die **ellenlange** Liste so anschaut wird ihm klar, dass es Zeit wird, etwas zu unternehmen. Er kann sich das nicht länger gefallen lassen. Schließlich ist ein **harmonisches Zusammenleben** in so einem großen Wohnblock wichtig. Wenn es mit einer Person solche Probleme gibt, dann muss etwas unternommen werden. Wenn die Person nicht schnell genug rausgeschmissen wird, muss sie eben **am eigenen Leib erfahren**, was sie anderen Menschen in der Wohneinheit **antut**. Jonas **heckt** einen **Plan aus**, um es der Nachbarin **heimzuzahlen**. Er verrät keinem anderen Nachbarn davon, damit ihn am Ende niemand verraten kann.

Denn Jonas hat keine Lust, am Ende derjenige zu sein, der rausfliegt.

Schließlich hat er noch kein **Budget** für eine größere Wohnung und auch keine Zeit, sich die gleiche noch einmal zu suchen. Er muss also vorsichtig sein, dass ihn wirklich niemand bei seinem **Vorhaben** erwischt. Vor allem nicht die Nachbarin, denn diese würde ihn sofort **melden**. Er muss sich also einen Streich **einfallen lassen**, den niemand auf ihn schieben würde. Einen Streich, bei dem niemand **damit rechnen** würde, dass er dahinter steckt. Der Lüftungsschacht ist die perfekte Option. So kann ihn niemand zufällig auf dem **Gang** sehen, wenn er **etwas Illegales** anstellt. Na ja, im Prinzip ist es nicht illegal, jemandem einen Streich zu spielen. Es ist einfach ein wenig frech.

Aber das stört Jonas nicht. Er hat sich nun solange von der Nachbarin ärgern lassen, dass ihm die **Konsequenzen** relativ egal sind. Trotzdem ist sein Streich nicht sehr schlimm. Schließlich wird ja niemand verletzt, und es werden auch keine Besitztümer beschädigt. Es soll einfach so eine Art kleine **Rache** sein. Jonas hat vor, einfach nur einen schlechten **Geruch** durch den Lüftungsschacht zu seiner Nachbarin zu befördern. Wie genau er das anstellen will, weiß er noch nicht. Deswegen muss Jonas sich erst einmal **überlegen**, wie genau er das **anstellen** will. Von einem Freund hat er einmal erzählt bekommen, dass es im **Scherzartikel-Laden** einige gute Aktionen gibt, was schlechte Gerüche angeht. Er selbst war noch nie in diesem Laden, hat aber bisher nur Positives davon gehört. Und genau dorthin macht er sich nun auf dem Weg.

Im Laden angekommen kann Jonas nicht fassen, wie viele Optionen er eigentlich hat. Er muss sich nicht mal an seinen Plan mit dem **Geruch** halten, denn hier gibt es so viele verschiedene Möglichkeiten, jemanden **reinzulegen**. Man hat hier paradiesische Möglichkeiten. Er entscheidet sich schließlich für eine kleine **Rauchbombe**, die ziemlich **übel riecht**. Diese kann er durch den Lüftungsschacht befördern und damit direkt seiner Nachbarin in die Wohnung schicken. 'Die wird sich sicher wundern', denkt Jonas.

Dabei weiß er noch nicht, was er für ein Chaos anrichten wird. Für Jonas scheint die Sache nicht **sonderlich** kompliziert zu sein. Er fährt mit der Rauchbombe nach Hause und bereitet sich auf seine **Tat** vor.

Er muss ganz einfach die Rauchbombe vor dem **Abzug** des Lüftungsschachts auslösen. Mehr hatte er eigentlich auch nicht zu tun. Er muss natürlich **sichergehen**, dass die Nachbarin überhaupt zu Hause ist. Sonst **spielt** er seinen **Streich** ja **umsonst**. Natürlich würde sie auch so nach Hause kommen und den unangenehmen Geruch sicher **wahrnehmen**. Trotzdem bevorzugt es Jonas, wenn Sie den ganzen Geruch auf einmal **abbekommt**. Er bemüht sich leise zu sein, aus Angst die Nachbarin könnte ihn dabei hören. Er will schließlich nicht, dass irgendjemand ihn als den Übeltäter identifiziert. Aufgeregt nimmt er die kleine Rauchbombe aus der Verpackung, und stellt einen Stuhl vor den Lüftungsschacht. Schließlich ist dieser ziemlich **weit oben**.

Jonas hofft, dass die Luft direkt nach oben **ansteigt**. Doch da **täuscht** er sich. Er zündet die Rauchbombe an und sie fängt **augenblicklich** an zu **rauchen**. Jonas versucht mit aller Kraft den aufsteigenden Rauch direkt in den Lüftungsschacht zu blasen. Nur leider **gestaltet sich** dies **schwieriger**, als er sich das vorgestellt hat. Die **dicken Rauchwolken** weichen den Öffnungen des Lüftungsschachtes aus und verteilen sich in Jonas' Wohnung. So hat er sich das **mit Sicherheit** nicht vorgestellt. Nun hat Jonas sich selbst eine Grube gegraben. Seine komplette Wohnung ist mit dicken **Rauchschwaden** gefüllt. Zunächst verteilen Sie sich über den ganzen Boden. Doch irgendwann steigt der Rauch so hoch, dass er den **Rauchmelder** berührt. Jonas **ahnt** bereits, was nun passiert. Der Rauchmelder fängt an zu piepsen. Aber er **piepst** nicht nur ein wenig, sondern so laut, dass die komplette Nachbarschaft es mitbekommt. Jonas ist sich ganz sicher, dass auch sein eigentliches Ziel, die Nachbarin, seinen Rauchmelder hören kann.

Normalerweise sind die Rauchmelder in diesem Gebäude sehr nützlich, denn sie rufen sofort die Feuerwehr, wenn es einen Vorfall gibt. Diesmal ist es Jonas natürlich nicht wirklich recht, wenn sofort der **Notdienst** gerufen wird. Doch leider kann er das nicht **entscheiden**. Wenige Minuten später **steht** die Feuerwehr auch schon **vor seiner Tür**. Aber nicht nur die Feuerwehr, sondern auch einige seiner Nachbarn. Darunter die Nachbarin von oben. „Was ist denn passiert? Ist alles in Ordnung bei Ihnen?" Von allen anwesenden Menschen kommt die **besorgte** Frage ausgerechnet von dieser Nachbarin. Das hätte Jonas sicher nicht gedacht, denn die Nachbarin **präsentiert** sich meist eher gleichgültig.

Die **Feuerwehrmänner** stürmen an Jonas vorbei in die Wohnung und sind erst einmal ziemlich überrascht. Nicht nur sehen Sie keine Spur von einem Feuer, sondern der Geruch in Jonas' Wohnung ist wirklich **unerträglich**. Jonas weiß nicht, wie er seinen Nachbarn das **erklären** soll. Eigentlich bleibt ihm nun nichts anderes übrig, als die Wahrheit zu sagen. Denn viele seiner Nachbarn werden den unangenehmen Geruch auch in ihrer Wohnung wahrnehmen. Daran hat er vorher nicht gedacht. Mit diesem Streich ärgert er nicht nur die Nachbarin über ihm, sondern auch so gut wie alle **Umliegenden**. „Ich habe **aus Versehen** eine Rauchbombe ausgelöst. Ich habe sie im Scherzartikel-Laden gekauft, damit ich einem Freund einen Streich spielen kann. Zu Jonas' Überraschung **schenken** ihm die meisten Anwesenden **Glauben**. Warum soll er auch lügen? Was sonst soll ja so schrecklich riechen? „Tut mir wirklich leid dass ihr diesen schlimmen Geruch ebenfalls in der Wohnung haben müsst", sagt Jonas zu seinen Nachbarn. Da meldet sich Jonas' eigentliche **Zielperson** wieder zu Wort: „Ach, kein Problem. Das ist nicht so schlimm. Das verfliegt bestimmt gleich wieder."

Warum muss die Nachbarin genau jetzt sympathisch sein? Jonas schämt sich wirklich sehr. Er weiß nicht, was er sich dabei gedacht hat. Nicht nur hat er sich das ganz anders vorgestellt, sondern er dachte nicht, dass er sich so schlecht fühlen würde. Das macht Jonas sicher nicht noch einmal. Besonders peinlich ist ihm, dass er sogar den Notdienst bei der Arbeit gestört hat. Alles nur, weil er so sehr auf Rache aus war, dass er schon gar nicht mehr klar denken konnte. 'Ist die Nachbarin überhaupt so schlimm, wie ich denke?', fragt er sich nun. Vielleicht hat sie ja einfach ihre eigenen Probleme. Als Ausgleich für sein böses **Vorhaben** wirft Jonas die Liste in den **Mülleimer**. Er hat nicht länger vor, seine Nachbarin aus dem Haus zu werfen. Wenn überhaupt hat Jonas das Gefühl, dass er derjenige sein sollte, der sich etwas Neues suchen muss.

Zusammenfassung der Geschichte

Wenn es nach Jonas geht, ist er ein sehr vorbildlicher Nachbar. Er feiert keine großen Partys und ist eigentlich nie laut. Das Problem ist, dass man dies nicht von allen Nachbarn des Wohnblocks behaupten kann. Jonas' Nachbarin von oben ist nämlich ein wahrer Alptraum. Er hat sogar schon angefangen eine Liste zu führen, die die Hausverwaltung vom Rauswurf der Nachbarin überzeugen soll. Am meisten hasst Jonas den Zigaretten-Rauch, der durch den Lüftungsschacht von ihrer Wohnung in seine gelangt. Aber vorher will Jonas sich noch rächen und ihr einen Streich spielen. Er kauft sich eine Rauchbombe, deren Gestank in ihre Wohnung transportiert werden soll. Dieses Vorhaben geht jedoch schief und der Feuermelder alarmiert die Feuerwehr. Letztendlich findet Jonas heraus, dass die Nachbarin doch nicht so schlimm ist.

Summary of the story

Jonas thinks that he's a very good neighbor. He doesn't have big parties and is never really noisy. The problem is that you can't say the same for all the neighbours in the block. Jonas's neighbour from above is a real nightmare. He has even started to keep a list to convince the property management of the neighbour's expulsion. Jonas mostly hates the cigarette smoke, which gets from her apartment to his through the ventilation shaft. But before she gets thrown out Jonas wants to take revenge and play a trick on her. He buys a smoke bomb whose stench is to be transported into her apartment. But this project goes wrong and the fire alarm alerts the fire brigade. In the end Jonas finds out that the neighbour is not so bad after all.

Vocabulary

- **leiden können:** to be able to stand sb.
- **wohnen:** to live
- **mindestens:** at least
- **nah aneinander:** close together
- **Telefongespräch:** telephone conversation
- **Wände:** walls
- **Schluss machen:** to break up
- **Versöhnung:** reconciliation
- **Privatangelegenheiten:** private matters
- **genauestens:** precisely
- **Unannehmlichkeiten:** trouble
- **Hausmeister:** janitor
- **ausziehen:** to move out
- **rausschmeißen:** to throw out
- **Recht geben:** to agree
- **auf sich nehmen:** to take on
- **verneinen:** to say no
- **beschweren:** to complain
- **garantiert:** guaranteed
- **Beschwerdebrief:** letter of complaint
- **schlichtweg:** simply
- **rücksichtslos:** reckless
- **gleichgültig:** indifferent
- **Rentner:** retiree
- **störend:** distracting
- **einen Gefallen tun:** to do sb. a favor
- **sonnig:** sunny
- **regelrecht:** downright
- **Wasserfall:** waterfall
- **Füße:** feet
- **aufmachen:** to open up
- **Vorfälle:** occurrences
- **stapeln:** to pile up
- **hoch:** high
- **Rauch:** smoke
- **Lüftungsschacht:** ventilation shaft
- **transportiert:** transported
- **verbunden:** connected
- **Brief:** letter
- **schreiben:** to write
- **rauchen:** to smoke
- **ellenlang:** really long
- **harmonisch:** harmonious

- **Zusammenleben:** cohabitation
- **am eigenen Leib erfahren:** to experience sth. first hand
- **antun:** to do to sb.
- **einen Plan aushecken:** to come up with a plan
- **heimzahlen:** to get sb. back for sth.
- **Budget:** budget
- **Vorhaben:** undertaking
- **melden:** to report
- **einfallen lassen:** to come up with sth.
- **damit rechnen:** to reckon
- **Gang:** hallway
- **etwas Illegales:** sth. illegal
- **Konsequenzen:** consequences
- **Rache:** revenge
- **Geruch:** smell
- **überlegen:** to think about
- **etw. anstellen:** to get up to sth.
- **Scherzartikel-Laden:** joke item store
- **reinlegen:** to trick sb.
- **Paradies:** paradise
- **Rauchbombe:** smoke bomb
- **übel riechend:** bad smelling
- **sonderlich:** particularly
- **Tat:** doing
- **Abzug:** vent
- **sichergehen:** to make sure
- **einen Streich spielen:** to play a prank on sb.
- **umsonst:** for nothing
- **wahrnehmen:** to perceive
- **abbekommen:** to bear the brunt
- **weit oben:** far up
- **ansteigen:** to rise
- **täuschen:** to fool oneself
- **augenblicklich:** instantaneous
- **gestaltet sich schwierig:** turns out to be difficult
- **dick:** thick
- **Rauchwolken:** smoke clouds
- **mit Sicherheit:** surely
- **Rauchschwaden:** billows of smoke
- **Rauchmelder:** smoke detector
- **ahnen:** to suspect
- **piepsen:** to squeak

- **Notdienst:** emergency service
- **entscheiden:** to decide
- **vor der Tür stehen:** to be outside the door
- **besorgt:** worried
- **präsentieren:** to present
- **Feuerwehrmann:** fireman
- **unerträglich:** unbearable
- **erklären:** to explain
- **umliegend:** surrounding
- **aus Versehen:** on accident
- **Glauben schenken:** to believe sb.
- **Zielperson:** target person
- **Vorhaben:** intention
- **Mülleimer:** dumpster

Questions about the story

1. **Was hat die Nachbarin Jonas heute getan?**
   a) Sie hat seine Post gelesen.
   b) Sie hat ihn wachgeklingelt.
   c) Sie hat Wasser auf seinen Balkon geschüttet.

2. **Warum will Jonas der Nachbarin einen Streich spielen?**
   a) Weil sie rücksichtslos ist.
   b) Er will sich einen Spaß erlauben.
   c) Es ist der erste April.

3. **Wofür entscheidet Jonas sich in dem Scherzartikel-Laden?**
   a) Für ein Furzkissen.
   b) Für eine Fake-Spinne.
   c) Für eine Rauchbombe.

4. **Warum funktioniert Jonas` Vorhaben nicht nach Plan?**
   a) Der Rauchmelder geht los.
   b) Seine Nachbarin ist nicht zuhause.
   c) Er hat die Rauchbombe verloren.

Answers

1. c)
2. a)
3. c)
4. a)

CHAPTER 9

DOPPELGÄNGER

Für Sabrina **ereignen** sich in letzter Zeit komische Dinge. Zumindest ereignen sich diese Dinge für ihre Verwandten. Denn in letzter Zeit **behaupten** alle aus Sabrinas Umfeld, dass sie sie ständig auf der Straße sehen. Sie treffen sie in irgendwelchen Läden, in der Straßenbahn, oder sonst wo. Dabei gibt es nur ein Problem. Sabrina erinnert sich an diese **angeblichen** Treffen nicht. Sabrinas Freunde beschreiben die Treffen mit ihr sehr komisch. Sie scheinen sie niemals **anzusprechen**, sondern sie immer nur **von der Ferne** zu sehen.

Letzte Woche hat Sabrinas beste Freundin ihr erzählt, dass sie sie in einem **Coffeeshop** auf der anderen **Straßenseite** gesehen hat. Angeblich trug Sabrina ihre rote Lieblings-Weste und ihre normale **Jeanshose**, die sie immer anhat. Das einzige Problem bei der Sache ist, dass Sabrina zu diesem Zeitpunkt in der Arbeit war. Der Coffeeshop ist **am anderen Ende** der Stadt, und sie hätte niemals Zeit, dort in der Mittagspause hinzufahren. Denn der Weg dorthin ist so lang, dass die Pause vorbei wäre, bevor sie überhaupt dort ankäme. Das bedeutet, ihre Freundin hat nicht Sabrina gesehen, sondern eben jemanden, der genauso aussieht. Das wäre alles nicht so seltsam, wenn dies der einzige Vorfall **dieser Art** gewesen wäre. Aber seit Wochen berichten ihre Freunde von ähnlichen Treffen.

Erst gestern hat sogar Sabrinas Mutter ihr erzählt, dass sie sie im Zug gesehen hat, kurz bevor sie **aussteigen** musste. Angeblich hatte ihre

Mutter noch versucht, Sabrina **zuzuwinken**. Daraufhin soll Sabrina kurz **aufgeschaut** haben, aber nicht zurückgewunken haben. Anfangs war ihre Mutter **sauer** deswegen, doch als Sabrina ihr erklärt hat, dass sie zu dieser Zeit nicht im Zug war, **veränderte** sich ihre Wut in **Verwirrung**. Denn zu der Zeit als Sabrinas Mutter sie angeblich im Zug gesehen hat, **befand** sich Sabrina bei einer Freundin. Außerdem fährt Sabrina so gut wie nie Zug, denn sie hat ein **funktionierendes Auto**. Einmal hat sogar Sabrinas Freund sie mit einer Fremden verwechselt, als er gerade auf dem Weg von der Arbeit nach Hause war.

Mittlerweile ist Sabrina es schon **gewöhnt**, dass ihr **Umfeld** sie an Orten sieht, an denen sie eigentlich gar nicht ist. Außerdem findet sie es interessant, dass sie anscheinend eine Doppelgängerin in der Stadt hat. Wie viele Menschen können das schon von sich sagen? Sabrina würde die mysteriöse Frau so gerne mal **treffen**. Denn **anscheinend** hat sie genau dieselbe **Garderobe**, die gleichen **Haare** und das gleiche **Gesicht**. Wer weiß, vielleicht würde sie ja sogar ihren verlorenen **Zwilling** treffen? **Spaßeshalber** hat Sabrina ihre Mutter schon gefragt, ob sie eine verlorene Schwester hat. Doch ihre Mutter scheint keine Ahnung zu haben, wovon sie überhaupt **spricht**. Es scheint so, als würde die geheime Doppelgängerin **vorerst** ein **Rätsel** bleiben. Vielleicht haben Sabrinas **Bekannte** sich das alles auch nur **ausgedacht**, um ihr einen Streich zu spielen. Schließlich ist bald der 1. April. Aber das wäre ein sehr **aufwendiger** Scherz, wenn alle sich absprechen müssten. Nachmittags wird Sabrina sich mit ein paar Freunden treffen und sie nimmt sich vor, diese mit diesem Thema zu **konfrontieren**. Sie will endlich wissen, was **hinter** dem seltsamen Streich **steckt**.

Aber vorher muss sie noch ein wichtiges **Paket abholen**. Es ist das Geburtstagsgeschenk ihrer Mutter, welches sie vor zwei Wochen im Internet **bestellt** hat. Der Geburtstag ihrer Mutter ist schon **morgen** und sie will so etwas Wichtiges auf keinen Fall **kurzfristig** erledigen. Auf dem Weg zur Post fällt Sabrina auf, dass Sie ihren Geldbeutel nicht bei sich hat. Um das Paket abzuholen, braucht sie natürlich ihren **Ausweis**. Der einzige **Vorteil** ist, dass die Mitarbeiterin der Post sie bereits kennt. Denn Sabrina holt fast **wöchentlich** ihre Post dort ab. Sie hat einen sehr kleinen Briefkasten, in den 90% der Päckchen nicht **hineinpassen**. Sie ist praktisch **Stammkundin** beim **Postamt**. Sie **nimmt sich vor**, es einfach ohne Ausweis zu versuchen. Vielleicht gibt die Dame von der Post ihr ja das Paket, wenn sie ihr erklärt, dass es das **Geburtstagsgeschenk** ihrer Mutter ist. Sicher wird die Mitarbeiterin das verstehen.

Schon als Sabrina die Post betritt, erkennt die Mitarbeiterin sie. Sie winkt ihr zu und sagt: „Hallo, Sabrina. Da bist du ja wieder. Hast du etwas **vergessen**?" Diese Aussage verwirrt Sabrina. Warum sollte sie etwas vergessen haben? Sie war doch überhaupt noch nicht hier. Kaum hat Sabrina diesen **Gedanken** fertig gedacht, ahnt sie auch schon, was hier passiert. „Was meinst du? War ich denn heute schon mal hier?". „Das ist aber eine komische Frage, Sabrina. Natürlich, du warst doch vorhin erst da und hast das Paket abgeholt", sagte die Mitarbeiterin. 'Na toll', denkt Sabrina. Das hat ihr gerade noch **gefehlt**. Die Doppelgängerin verwirrt also nicht nur ihre Freunde und Verwandten, sondern **greift** auch noch in ihr Leben **ein**. Für einen kurzen Moment **findet** Sabrina es eigentlich ganz cool, eine Doppelgängerin zu haben. Denn mit einer Person, die genau gleich **aussieht**, lassen sich einige Streiche spielen. Das die **Streiche** ihr jedoch **gespielt** werden, hat Sabrina nicht **erwartet**.

„Hatte ich einen Ausweis dabei?". „Nein, aber den muss ich ja nicht zum tausendsten Mal sehen. Du kommst **mittlerweile** schon so oft, dass das nicht mehr **nötig ist**." Vor ein paar Minuten hat Sabrina sich noch gewünscht, dass die **Postangestellte** ihren Ausweis nicht **verlangt**. Doch diese **Meinung** hat sich nun stark geändert. Das

Vertrauen der Mitarbeiterin **beschert** Sabrina jetzt eher **Unglück**. Denn nun ist das Geburtstagsgeschenk ihrer Mutter weg. „Wie lange ist das **ungefähr** her?", fragt Sabrina, um die Doppelgängerin vielleicht noch abzufangen. „Ich weiß nicht, so etwa eine halbe Stunde", antwortet die Mitarbeiterin. Eine halbe Stunde ist wesentlich zu lang, um die Fremde zufällig noch zu treffen, das weiß Sabrina. „Habe ich gesagt, wo ich als nächstes hingehe?" Sabrina weiß, wie komisch diese Aussage klingt. „Das ist nun wirklich eine seltsame Frage, Sabrina. Das musst du doch selbst wissen, oder nicht?", „Naja, ich bin eben sehr **vergesslich**", antwortet Sabrina.

„Soweit ich mich erinnere, hast du gesagt, dass du noch in den **Waschsalon** musst. Du hast sogar erwähnt, dass du vorher noch **Waschpulver** kaufen musst. Ich habe mich gefragt, warum du mir das erzählst. Ich bin jedoch einfach **davon ausgegangen**, dass du ein **gesprächiger** Mensch bist", antwortet die Mitarbeiterin. „Bin ich auch, danke für die Auskunft. Wir sehen uns beim nächsten Mal." Sabrina weiß genau, dass die **Kassiererin** sich nun wahrscheinlich fragt, was mit ihr los ist. Vielleicht sollte sie in nächster Zeit ihre Poststelle **ändern**. Aber jetzt muss sie sich erst einmal auf den Weg in den Waschsalon machen. Sie muss unbedingt das Geschenk ihrer Mutter wieder **zurückbekommen**. Außerdem will sie sich nicht die **Identität klauen** lassen. Sie will die fremde Frau, die genau wie sie aussieht, zur Rede stellen. Warum sollte diese auch ihr Paket nehmen? Das ist **Diebstahl**.

Sabrina will keine Zeit verlieren und eilt zurück zum Auto. Wenn sie sich nicht beeilt, dann kann es sein, dass sie die Frau **verpasst**. Zum Glück muss diese anscheinend vorher noch **Waschmittel** kaufen, ansonsten würde Sabrina garantiert **zu spät** kommen. Sie **parkt** direkt vor dem **Salon** und sieht die Zielperson schon durch die **Scheibe**. Das ist ein **unverwechselbarer Anblick**. Diese Frau sieht genau aus wie Sabrina. Sogar die Klamotten **ähneln** ihrem eigenen

Stil. Tatsächlich würde sie diese **Kombination** aus Jeans und T-Shirt genauso tragen. Kein Wunder dass ihre Bekannten sie **verwechseln**. Plötzlich ist Sabrina ganz schön **nervös**. Was sagt man zu einer Person, die genauso aussieht wie man selbst? Wie kann sie die Frau am besten **zur Rede stellen**? Sabrina weiß, dass ihr wahrscheinlich kein guter **Gesprächsanfang einfallen** wird. Deswegen **springt sie** einfach **ins kalte Wasser** und geht auf die Eingangstüre des Waschsalons zu.

Die Frau ist gerade dabei, ihre **Wäsche** in die **Waschmaschine** zu stopfen. Sabrina stellt sich hinter sie, und wartet bis sie fertig ist. Sie ist jetzt extrem nervös. Außerdem hat sie Angst, das Gesicht der Frau zu sehen. 'Hoffentlich sieht sie nicht ganz genauso aus.', denkt Sabrina. Als die Frau fertig ist, **tippt** Sabrina ihr leicht **auf die Schulter**. Sofort dreht die Frau sich um und schaut erst einmal ziemlich **verdutzt**. Anscheinend hat sie keinen blassen Schimmer, dass sie eine Doppelgängerin hat. „Du... Siehst aus wie ich." Die Frau ist **sichtlich** verwirrt. Sabrina ist jetzt keineswegs mehr sauer. Offensichtlich hat die Frau nicht vor, ihre Identität zu **stehlen**. „Ja, ich glaube wir sind Doppelgängerinnen. Du hast heute mein Paket in der Post abgeholt. Das hätte ich gerne wieder. Es ist sehr wichtig für mich." Plötzlich sah die Frau sehr **erleichtert** aus: „Ich habe mich wirklich schon gefragt, was die Frau von der Post meint. Ich war dort, um einen Brief **abzusenden**, und sie hat mir einfach dieses Paket **in die Hand gedrückt**. Jetzt **macht** das endlich **Sinn**. Das war eigentlich dein Paket."

Sabrina ist sich jetzt absolut sicher dass das alles nur ein **Missverständnis** war. „Also hattest du nicht vor, mir meine Identität zu klauen?", fragt Sabrina. „Nein, **um Gottes Willen**. Ich hatte keine Ahnung, dass so etwas überhaupt möglich ist.", antwortet die Frau, „Ich gebe dir dein Paket sofort wieder, wenn ich die Waschmaschine **angeschaltet** habe. Woher wusstest du überhaupt, wo ich bin?" „Die

Mitarbeiterin von der Post hat es **erwähnt**. Ich hatte schon Angst ich würde dich nicht mehr finden." Die beiden Frauen lachen. „Das ist jetzt vielleicht eine dumme Frage, aber sind wir Zwillinge?", fragt die Fremde. „Es scheint so. Meine Freunde haben dich schon öfter auf der Straße gesehen, und dich mit mir **verwechselt**", sagt Sabrina. „Das erklärt auch, wieso mir ab und zu fremde Menschen winken."
„Das stimmt. Wollen wir uns vielleicht ein bisschen unterhalten? Ich finde diese Situation wirklich sehr faszinierend. Ich habe schon ab und zu mal davon gehört, dass es auf Erden **mindestens** fünf Menschen gibt, die einem sehr **ähnlich sehen**. Aber dass wir so **nah beieinander** wohnen, hätte ich nicht gedacht", sagt Sabrina. „Ich auch nicht, ich würde außerdem gerne mal deine **Eltern** sehen. Wie kann es sein, dass wir so gleich aussehen? Ich hoffe wir decken dabei keine **Geheimnisse** auf", antwortet die Fremde.

Die beiden Frauen verstehen sich **erstaunlich** gut. Vielleicht sogar ein bisschen zu gut, denn sollten Sie wirklich Freundinnen werden, können die beiden ganz schön viel anstellen. Sabrina fallen viele Dinge ein, die sie gerne einmal mit einer Doppelgängerin machen würde. Zum Beispiel würde sie gerne wissen, ob ihrer Mutter die **Veränderung** auffallen würde. Vielleicht sollte sich die Fremde mal auf einen Kaffee mit ihr treffen und so tun, als wäre sie Sabrina. Die beiden könnten sogar ihr komplettes Leben **austauschen**, so **ähnlich sehen** sie sich. Sabrina ist sich sicher, dass die meisten Menschen absolut nichts **bemerken** würden. Denn der einzige Unterschied ist der Charakter der beiden. Sabrina ist etwas introvertierter als ihre Doppelgängerin. Aber das ist nichts, was die beiden wirklich von ihren Streichen abhalten könnte. Obwohl Sabrina erst misstrauisch gegenüber der Fremden war, mag sie sie nun ziemlich gerne. Und welche Frau kann schon von sich sagen, dass sie eine Doppelgängerin als beste Freundin hat? Die Fremde ist wirklich sympathisch und Sabrina kann ihr Glück nicht fassen. Dass ihr so etwas einmal passiert, hätte sie nie gedacht.

Zusammenfassung der Geschichte

Sabrina ist eine gewöhnliche Frau mit gewöhnlichem Aussehen. Als ihre Freunde ihr vermehrt von komischen Treffen erzählen, an die sie sich nicht erinnern kann, wird Sabrina misstrauisch. Hat sie etwa eine Doppelgängerin? Der Verdacht bestätigt sich, als Sabrina ein Paket von der Poststelle abholen will und die mysteriöse Fremde ihr zuvorgekommen ist. Glücklicherweise erwischt Sabrina sie noch und stellt sie zur Rede. Erleichtert stellt Sabrina fest, dass die Frau nicht vorhat, ihre Identität zu stehlen. Stattdessen hatte die Fremde keine Ahnung, dass sie eine Doppelgängerin hat.

Summary of the story

Sabrina is an ordinary woman with an ordinary appearance. When her friends keep telling her about strange meetings Sabrina can't remember, she becomes suspicious. Does she have a doppelganger? The suspicion is confirmed when Sabrina wants to pick up a parcel from the post office and the mysterious stranger has forestalled her. Fortunately Sabrina catches her and confronts her. Sabrina is relieved to find out that the woman doesn't intend to steal her identity. Instead, the stranger had no idea that she has a doppelganger.

Vocabulary

- **ereignen:** to befall
- **behaupten:** to claim
- **angeblich:** allegedly
- **ansprechen:** to talk to
- **von der Ferne:** from afar
- **Coffeeshop:** Café
- **Straßenseiten:** side of the street
- **Jeanshose:** jeans
- **am anderen Ende:** on the other end
- **dieser Art:** of this kind
- **aussteigen:** to get out
- **winken:** to wave
- **aufschauen:** to look up
- **sauer:** mad
- **verändert:** changed
- **Verwirrung:** confusion
- **sich befinden:** to be located at
- **funktionierendes Auto:** working car
- **gewöhnt:** used to
- **Umfeld:** surrounding
- **treffen:** to meet
- **anscheinend:** apparently
- **Garderobe:** wardrobe
- **Haare:** hair
- **Gesicht:** face
- **Zwilling:** twin
- **spaßeshalber:** for fun
- **sprechen:** to speak
- **vorerst:** for now
- **Rätsel:** riddle
- **Bekannte:** acquaintance
- **ausdenken:** to think of
- **aufwendig:** costly
- **konfrontieren:** to confront
- **hinter etw. stecken:** to be behind sth.
- **Paket:** package
- **abholen:** to pick up
- **bestellen:** to order
- **morgen:** tomorrow
- **kurzfristig:** last-minute
- **Ausweis:** ID
- **Vorteil:** advantage
- **wöchentlich:** weekly
- **hineinpassen:** to fit into
- **Stammkunde:** regular customer
- **Postamt:** postal office
- **sich vornehmen:** to intend to do
- **Geburtstagsgeschenk:** birthday present
- **vergessen:** forgot
- **Gedanken:** thoughts

- **gefehlt:** missing
- **eingreifen:** to step in
- **finden:** to find
- **aussehen:** to look like
- **Streiche:** pranks
- **Streiche spielen:** to play pranks
- **erwarten:** to expect
- **mittlerweile:** meanwhile
- **nötig sein:** to be necessary
- **Postangestellte:** postal employee
- **verlangten:** to demand
- **Meinung:** opinion
- **Vertrauen:** trust
- **bescheren:** to grant sb. sth.
- **Unglück:** misfortune
- **ungefähr:** approximately
- **vergesslich:** forgetful
- **Waschsalon:** laundry mat
- **Waschpulver:** laundry powder
- **davon ausgehen:** to assume
- **gesprächig:** talkative
- **Kassiererin:** cashier
- **ändern:** to change
- **zurückbekommen:** to get back
- **Identität:** identity
- **klauen:** to steal
- **Diebstahl:** theft
- **verpassen:** to miss
- **Waschmittel:** detergent
- **zu spät:** too late
- **parken:** to park
- **Salon:** salon
- **Scheibe:** window
- **unverwechselbar:** unmistakable
- **Anblick:** view
- **ähneln:** to resemble
- **Kombination:** combination
- **verwechseln:** to confuse sb. for sb. else
- **nervös:** nervous
- **zur Rede stellen:** to confront sb.
- **Gesprächsanfang:** conversation starter
- **einfallen:** to come up with sth.
- **ins kalte Wasser springen:** to jump into cold water
- **Wäsche:** laundry
- **Waschmaschine:** washing machine
- **auf die Schulter tippen:** to tip sb's shoulder
- **verdutzt:** baffled

- **sichtlich:** visibly
- **stehlen:** to steal
- **erleichtert:** relieved
- **absenden:** to send
- **in die Hand drücken:** to thrust sth. into sb's hand
- **Sinn machen:** to make sense
- **Missverständnis:** misunderstanding
- **um Gottes Willen:** for god's sake
- **angeschaltet:** turned on
- **erwähnen:** to mention
- **verwechseln:** to confuse sb. for
- **mindestens:** at least
- **ähnlich sehen:** to look similar to sb.
- **nah beieinander:** close to each other
- **Eltern:** parents
- **Geheimnis:** secret
- **erstaunlich:** remarkable
- **Veränderung:** change
- **austauschen:** to swap
- **bemerken:** to notice

Questions about the story

1. **Warum vermutet Sabrina bereits, dass sie eine Doppelgängerin hat?**
   a) Sie hat sie selbst schon einmal gesehen.
   b) Ihre Freunde und Verwandten haben sie gesehen.
   c) Sie weiß, dass sie eine verlorene Zwillingsschwester hat.

2. **Wie fühlt sich Sabrina mit dem Wissen, eine Doppelgängerin zu haben?**
   a) Sie hat große Angst.
   b) Sie ist sehr wütend.
   c) Sie findet es interessant.

3. **Warum ist Sabrina Stammkundin im Postamt?**
   a) Ihr Briefkasten ist zu klein für Pakete.
   b) Sie kennt die Mitarbeiterin dort sehr gut.
   c) Sie versendet oft Briefe.

4. **Warum hat Sabrinas Doppelgängerin ihr Paket?**
   a) Die Mitarbeiterin der Post hat es ihr einfach so gegeben.
   b) Sie hat es gestohlen.
   c) Sie hat es gefunden.

Answers

1. b)
2. c)
3. a)
4. a)

CHAPTER 10

DIE KETTE

Nina mag keinen **Schmuck**. Sie vermeidet es generell, sich Schmuck zu kaufen oder diesen zu besitzen. Das bedeutet nicht, dass sie ihn nicht schön findet. Sie mag nur das Gefühl nicht, wenn das **kalte Metall** Ihre **Haut berührt**. Außerdem bezeichnet sie sich selbst als sehr unaufmerksam. Jedes Mal, wenn sie schönen Schmuck besitzt, schafft sie es irgendwie, diesen zu verlieren. Vielleicht liegt es an ihren **dünnen Handgelenken**, doch die Ketten sind immer nach ein paar Tagen weg. Ab und zu hat sie den Schmuck auch nach dem Duschen **abgenommen** und danach hat sich dieser einfach in Luft aufgelöst. Wie genau das passiert ist, versteht Nina bis heute noch nicht. Sie weiß nur, dass es oftmals **verschwendetes** Geld ist, sich Halsketten oder **Armbänder** zu kaufen. Auch Ringe verliert sie außergewöhnlich schnell. Seitdem hält sie sich von solchen schönen Dingen fern. Und damit hat sie auch kein Problem. Es ist nicht so, als würde ihr etwas fehlen. **Schmuck** ist einfach ein **Zusatz-Accessoire**, welches Nina nicht wirklich braucht. Schließlich will Nina nicht einfach ihr Geld **verschwenden**. Solche **Schmuckstücke** sind oftmals nicht ganz billig.

Genau deswegen wundert sich Nina eines **Abends**, als sie auf ihrem **Schlafzimmer-Boden** eine Halskette findet. Diese Halskette hat Nina noch nie zuvor gesehen. Es ist einfach eine feine **silberne Kette**, an der eine Art **Münze** hängt. Zuerst denkt Nina, dass es irgendeine Art von **altertümlichen** Geld ist, doch es ist keine richtige Münze. Es ist einfach ein runder **Taler** mit dem **Profil** einer Frau darauf. Die Kette sieht ziemlich alt aus. Sie erinnert sich, dass diese am Morgen, als sie **aufgestanden** ist, noch nicht da war. Es scheint so, als wäre sie einfach dort links neben ihrem Bett **aufgetaucht**. Nina weiß, dass das nicht sein kann. Von irgendwoher muss sie ja kommen. Deshalb fragt sie **zunächst** einmal ihre Mitbewohnerin, ob diese irgend etwas weiß. Vielleicht hat sie die Halskette ja irgendwie dort **verloren**.

Doch ihre Mitbewohnerin **behauptet**, dass sie die Halskette noch nie zuvor gesehen hat. Obwohl Nina ihr das nicht ganz glauben kann, lässt sie das Thema einfach fallen. Schließlich hat sie größere Probleme als eine **simple** Halskette. Natürlich ist die Sache etwas seltsam. Aber Nina lernt lieber für ihre **Prüfungen**, als sich mit diesem **Mysterium** zu **beschäftigen**. Vielleicht wird ihre Mitbewohnerin sich irgendwann mal erinnern, dass es doch ihre ist. Nina legt die Halskette ganz einfach auf ihren **Nachttisch** und packt ihre **Lernmaterialien** aus. Erst am nächsten Tag in der Arbeit fängt Nina wirklich an, über die Sache **nachzudenken**. In Gedanken **geht** sie so ziemlich jede Person **durch**, die sie kennt. Könnte vielleicht einer ihrer **Arbeitskollegen** etwas mit dem **Schmuckstück** zu tun haben? Wer war zuletzt in ihrer Wohnung? Vielleicht hat eine ihrer Freundinnen die Kette dort **fallen lassen**. Nina **zieht** sogar **in Betracht**, dass sie selbst die Kette aus Versehen in ihre Wohnung **geschleppt** haben könnte.

Trotzdem fällt Nina keine **plausible** Antwort ein. Nichts, was sie sich vorstellt, macht wirklich Sinn. Nachmittags fragt sie sogar ihre Mitbewohnerin, ob jemand in die Wohnung **eingebrochen** sein könnte. Die beiden überprüfen alle ihre **Schränke** und **Schubladen**. Doch nichts fehlt. Außerdem war letzte Woche zu jeder Zeit jemand in der Wohnung, und hätte sicher gehört, wenn jemand sich dort **Zutritt verschafft** hätte. Die Wohnung war den ganzen Tag völlig still. Es scheint fast so, als wäre niemand außer Nina und ihrer Mitbewohnerin in der Wohnung gewesen. Die Kette scheint also einfach **aufgetaucht** zu sein.

Langsam gibt Nina auf. Sie **akzeptiert** einfach, dass sie nun eine neue Halskette in ihrem Besitz hat. Schließlich **kann** es ja **nicht** wirklich **schaden**, ab und zu auch mal selbst so etwas Schönes zu besitzen. Das komische an der Sache ist, dass Nina langsam anfängt, die Halskette **regelmäßig** zu tragen. Nach ein paar Wochen ist die Kette einfach Teil ihres Alltags und **komischerweise** fühlt sie sich auch nicht unangenehm auf der Haut an. Nina hat keine komischen **Träume**, seltsame **Erscheinungen** und auch sonst hat sich in ihrem Leben nicht wirklich etwas verändert. Der einzige Unterschied ist, dass sie ab und zu mal ein Kompliment zu der Kette von anderen bekommt. Sie gewöhnt sich an das etwas schwerere Gefühl an ihrem Hals.

Erst als Nina eines Abends mit ihrem Arbeitskollegen über die Kette redet, wird sie ihr **zunehmend** unangenehm. Denn als Nina ihm die **Geschichte** erzählt, wie sie die Kette gefunden hat, wird der Arbeitskollege plötzlich nervös. Er rät ihr, die Kette abzunehmen, und sogar wegzuwerfen. Du kannst ja nicht wissen, welche **negativen Energien** an dem Teil hängen. Du weißt nicht einmal, wo die Halskette **herkommt**. Sie könnte dir **Pech** bringen. Daran hat Nina selbst noch nicht wirklich gedacht. Für sie war die Kette nur ein normales **Accessoire**. Aber irgendwo hat ihr Arbeitskollege recht. Was hat sie sich dabei gedacht, einfach ein Schmuckstück **anzuziehen**, von dem sie nicht einmal weiß, wer es **vorher** getragen hat. Nina entscheidet sich dazu, die Kette einfach wieder **loszuwerden**. Schließlich ist es kein großer **Verlust**, da Nina sowieso nicht wirklich auf Schmuck steht.

Spaßeshalber nimmt Nina die Kette ab und **wirft** sie **locker** hinter die **Bar**. So, weg ist sie. Bist du jetzt zufrieden? Tatsächlich scheint der Arbeitskollege erleichtert, dass Nina sich der Kette **entledigt** hat. Natürlich glaubt Nina nicht wirklich daran, dass die Kette mit einer negativen Energie **behängt** sein könnte. Aber sie ist einfach etwas **betrunken** und scherzt deswegen mit ihrem Kollegen über die Sache.

Die beiden denken sich die seltsamsten Geschichten aus und **lachen** über das Thema. Eigentlich hat Nina vor, die Halskette am Ende des Abends wieder aufzuheben und mit nach Hause zu nehmen. Schließlich kann sie sie ja trotzdem einfach so **aufbewahren**, ohne sie zu tragen. Nina will sich an den **Vorfall** erinnern, auch wenn er ein wenig **gruselig** ist. Sie muss die Kette ja nicht **unbedingt** tragen. Doch wie **bereits** erwähnt ist Nina nicht besonders gut wenn es um das **Behalten** von Schmuck geht. Und so verliert sie auch diese Halskette. Nicht weil sie sie nicht mehr findet, sondern weil sie **schlichtweg** vergisst, zu suchen. Sie geht ganz einfach ohne die Halskette nach Hause und merkt erst am nächsten Tag, dass ihr Hals sich **erstaunlich** leicht anfühlt. Natürlich ärgert sie sich, dass sie sie verloren hat. Aber der **Ärger verfliegt** schnell, denn sie hat ja kein Geld dafür **ausgegeben.**

Und so vergeht ein ganzes Jahr, in dem Nina die Halskette nicht **wieder sieht.** Doch auf den Tag genau nach 365 Tagen ändert sich dies. An diesem Tag trifft Nina sich mit einer neuen Freundin. Sie kennt das Mädchen erst seit ein paar Wochen, denn sie ist neu in Ninas **Studiengang**. Die beiden gehen zusammen auf ein Konzert von einer Band aus ihrer Stadt. Das Mädchen heißt Sandra und ist bisher die einzige andere Person, die **ebenfalls** ein **Fan** dieser Band ist. Nina dachte schon, dass sie das Konzert alleine **besuchen** muss. Aber da ist Nina plötzlich **aufgetaucht** und ist fast so spontan in ihr Leben gekommen wie die Halskette damals. Nina kommt ein wenig zu spät zu dem Konzert. Sie musste vorher noch eine **Hausarbeit** erledigen. Das wollte sie einfach nicht weiter **aufschieben**. Die Band hat schon vor einer halben Stunde angefangen zu spielen. Als Nina kommt, spielen sie gerade ihr Lieblingslied. Sofort macht sie sich auf die Suche nach ihrer neuen Freundin.

Es dauert nicht lange, bis sie Sandra **tanzend** in der **Menge** sieht. Sie hat **offensichtlich** sehr viel Spaß. Zufällig dreht sie sich um und sieht

Nina in der **Menge**. Die beiden begrüßen sich, und fangen sofort an zu tanzen. Denn eine **Unterhaltung** ist bei dieser Lautstärke nicht wirklich möglich. Trotzdem scheint Sandra Nina etwas sagen zu wollen. Sie **hebt** ihren Finger und **deutet** Nina damit **an**, dass sie einen Moment **warten** soll. Sandra **kramt** in ihrer kleinen **Handtasche** herum und reicht Nina schließlich ein kleines Objekt. Sie schließt Ninas Hand darum, damit es nicht **herunterfallen** kann. Denn die Menschen um sie herum tanzen ziemlich wild, und hätte sie das nicht getan wäre das kleine **Geschenk** sicher sofort verloren gegangen. Augenblicklich öffnet Nina die Hand um zu sehen, was Sandra ihr da mitgebracht hat.

Nina traut ihren Augen nicht. Es ist die Kette, die sie vor einem Jahr verloren hat. Für einen Moment **steht die Zeit still**. Für Nina hört die Welt gerade auf, sich zu drehen. Es ist fast so, als hätte ihr Gehirn einen kleinen **Aussetzer**. Denn Nina kann nicht verstehen, welchen Weg die Kette wohl **zurückgelegt** haben muss, um wieder in Ninas Hand zu landen. Das **Motiv** und die Form ist so **einzigartig**, dass es nicht sein kann, dass es sich **um** eine ähnliche Kette **handelt**. Es ist genau diese. Nina steht **stocksteif** in der tanzenden Menge. Auch Sandra wundert sich langsam, was denn das Problem ist. Die beiden gehen zusammen auf die **Toilette**, da diese ziemlich der einzige Ort ist, an dem die beiden sich ordentlich verstehen könnten. Im **Bad angekommen dreht** Sandra sich sofort zu Nina **um**. „Sie gefällt dir nicht. Ich wusste es!". „Nein, das ist es nicht. Wo hast du die Kette her?", fragt Nina sofort. „Wie meinst du das? Sie ist ein Geschenk für dich. Du musst doch nicht wissen, wo ich sie her habe." **Offensichtlich** denkt Sandra, dass Nina das Geschenk als zu teuer einschätzt. „Ich meine damit nicht den Preis. Hast du sie irgendwo gefunden?" „Ja, woher wusstest du das? Ich finde sie sieht noch ganz schön neu aus." „Erzähl mir einfach, wo du sie her hast", sagt Nina fordernd.

Sandra erzählt ihrer neuen Freundin, dass sie die Kette vor einer Woche in ihrer **Waschmaschine** gefunden hat: „Als ich die Kette dort **verheddert** und fast kaputt gefunden habe, habe ich sofort an dich gedacht. Irgendwie musste ich sie dir einfach **mitbringen**. Ich selbst trage ja nicht wirklich Schmuck. Zwar hast du auch keinen an, aber das kann sich ja noch **ändern**." Nina ist ganz schön verblüfft: „Weißt du Sandra, das ist ein ganz schöner Zufall. Es ist nämlich nicht das erste Mal, dass ich diese Kette sehe." „Oh, hast du so eine schon? Ich kann sie gerne wieder mit nach Hause nehmen. Du kannst es aber auch gerne sagen, wenn du die Kette **eklig** findest. Ich würde es dir nicht **übel nehmen**." „Nein, es ist nur... Ich finde es irgendwie seltsam dass die Kette wieder bei mir ist. Schließlich habe ich sie damals weggeworfen."

Was Nina am meisten **wundert** ist, dass Sandra zwei Städte von ihr entfernt wohnt. Sie wohnt außerdem zwei Städte von der Party **entfernt**, wo Nina damals die Kette weggeworfen hat. Nina kann sich einfach nicht vorstellen, wie die Kette es geschafft hat, soweit zu reisen. Sie würde niemals behaupten, dass die Kette auf übernatürlichem Weg zu ihr zurückgekommen ist. Nina ist nicht wirklich abergläubisch. Aber das kommt ihr **durchaus** ein wenig komisch vor. Fast schon so ähnlich wie Zauberei. Natürlich **beschwert** Nina sich nicht, denn **zugegebenermaßen** hat sie die Kette auch ein wenig vermisst. Von nun an wird sie sie sicher nicht mehr **ausziehen**.

Zusammenfassung der Geschichte

Nina ist kein Fan von Schmuck. Sie trägt ihn nicht, weil sich das Metall auf ihrer Haut unangenehm anfühlt. Dies ändert sich jedoch, als sie eines Tages eine mysteriöse Kette neben ihrem Bett findet. Sie fängt an die Kette zu tragen, aber wirft sie weg als ein Arbeitskollege ihr davon abrät. Ein Jahr später bringt eine neue Freundin Nina die Kette als Geschenk zurück. Sie weiß nichts von der Geschichte und hat die Kette in ihrer Waschmaschine gefunden. Nina ist fasziniert und fragt sich, welchen Weg die Kette wohl zurückgelegt haben muss um zu ihr zurückzukehren.

Summary of the story

Nina's not a fan of jewelry. She doesn't wear it because the metal feels uncomfortable on her skin. But this changes when one day she finds a mysterious necklace next to her bed. She starts to wear the necklace, but throws it away when a colleague advises her to. A year later, a new friend brings the necklace back to Nina as a gift. She doesn't know the story and found the chain in her washing machine. Nina is fascinated and wonders which way the necklace must have taken to return to her.

Vocabulary

- **Schmuck:** jewelry
- **kalt:** cold
- **Metall:** metal
- **Haut:** skin
- **berühren:** to touch
- **dünn:** thin
- **Handgelenk:** wrist
- **abnehmen:** to take off
- **verschwendet:** wasted
- **Armbänder:** bracelet
- **Zusatz-Accessoire:** additional accessory
- **verschwenden:** to waste
- **Schmuckstück:** jewelry piece
- **abends:** in the evening
- **Schlafzimmer-Boden:** bedroom floor
- **silberne Kette:** silver necklace
- **altertümlich:** ancient
- **Münze:** coin
- **Taler:** thaler
- **Profil:** profile
- **aufstehen:** to get up
- **auftauchen:** to turn up
- **verloren:** lost
- **behaupten:** to claim
- **simpel:** simple
- **Prüfungen:** exam
- **Mysterium:** mystery
- **beschäftigen:** to engage sb.
- **Nachttisch:** night stand
- **Lernmaterialien:** learning materials
- **nachdenken:** to think about
- **durchgehen:** to go through
- **Arbeitskollegen:** colleagues
- **fallen lassen:** to drop
- **in Betracht ziehen:** to consider
- **schleppen:** to drag
- **plausibel:** plausible
- **einbrechen:** to break in
- **Schrank:** closet
- **Schublade:** drawer
- **Zutritt verschaffen:** to get access
- **langsam:** slowly
- **akzeptiert:** accepted
- **kann nicht schaden:** can't hurt

- **regelmäßig:** regularly
- **komischerweise:** strangely
- **Träume:** dreams
- **Erscheinungen:** appearances
- **erst:** only
- **zunehmend:** increasingly
- **Geschichte:** story
- **negative Energie:** negative energy
- **herkommen:** to come from
- **Pech:** bad luck
- **Accessoire:** accessory
- **anziehen:** to put on
- **vorher:** before
- **loswerden:** to get rid of
- **werfen:** to throw
- **Bar:** bar
- **entledigen:** to rid oneself of sth.
- **behängen:** to drape with sth.
- **betrunken:** drunk
- **lachen:** to laugh
- **aufbewahren:** to retain
- **Vorfall:** incident
- **gruselig:** creepy
- **unbedingt:** absolutely
- **bereits:** already

- **behalten:** to keep
- **schlichtweg:** simply
- **erstaunlich:** astonishing
- **Ärger:** anger
- **verfliegen:** to evaporate
- **ausgeben:** to spend
- **wieder sehen:** see again
- **Studiengang:** study path
- **ebenfalls:** also
- **Fan:** fan
- **besuchen:** to visit
- **Hausarbeit:** term paper
- **aufschieben:** to procrastinate
- **tanzend:** dancing
- **Menge:** crowd
- **offensichtlich:** obviously
- **Unterhaltung:** entertainment
- **heben:** to raise
- **andeuten:** to indicate
- **warten:** to wait
- **kramen:** to rummage
- **Handtasche:** purse
- **herunterfallen:** to fall down
- **Geschenk:** present
- **die Zeit steht still:** time stands still
- **Aussetzer:** lapse
- **zurücklegen:** to put back

- **Motiv:** motive
- **einzigartig:** unique
- **um etw. handeln:** to be about sth.
- **stocksteif:** stiff as a stick
- **Toilette:** toilet
- **Bad:** bath
- **ankommen:** to arrive
- **umdrehen:** to turn around
- **offensichtlich:** obviously
- **Waschmaschine:** washing machine
- **verheddert:** entangled
- **mitbringen:** to bring with
- **eklig:** disgusting
- **übel nehmen:** to hold sth. against sb.
- **wundern:** to wonder
- **entfernen:** to remove
- **durchaus:** quiet
- **beschweren:** to complain
- **zugegebenermaßen:** admittedly
- **ausziehen:** to take off

Questions about the story

1. **Warum ist Nina zunächst misstrauisch gegenüber der Kette?**
   a) Sie weiß nicht, wo die Kette herkommt.
   b) Sie findet sie nicht schön.
   c) Sie mag keinen Schmuck.

2. **Warum wirft Nina die Kette weg?**
   a) Sie hat Angst.
   b) Sie scherzt mit einem Arbeitskollegen.
   c) Sie will sie nicht mehr tragen.

3. **Woher hat die neue Freundin die Kette?**
   a) Sie hat sie gekauft.
   b) Sie hat sie geschenkt bekommen.
   c) Aus der Waschmaschine.

4. **Warum ist es komisch, dass die Freundin die Kette gefunden hat.**
   a) Sie wohnt zwei Städte entfernt.
   b) Die Kette war eigentlich im Müll.
   c) Die Kette gehört eigentlich Nina.

Answers

1. a)
2. b)
3. c)
4. a)

FREE BOOK!

Free Book Reveals The 6 Step Blueprint That Took Students
From Language Learners To Fluent In 3 Months

If you haven't already, head over to LingoMastery.com/hacks and grab a copy of our free Lingo Hacks book that will teach you the important secrets that you need to know to become fluent in a language as fast as possible.

CONCLUSION

We hope you've enjoyed our stories and the way we've presented them.

Never forget: learning a language doesn't *have* to be a boring activity if you find the proper way to do it. Hopefully we've provided you with a hands-on, fun way to expand your knowledge in German and you can apply your lessons to future ventures.

Feel free to use this book further ahead when you need to go back to remembering vocabulary and expressions — in fact, we encourage it.

Believe in yourself and never be ashamed to make mistakes. Even the best can fall; it's those who get up that can achieve greatness! Take care!

PS: Keep an eye out for more books like this one; we're not done teaching you German! Head over to **www.LingoMastery.com** and read our articles and sign up for our newsletter. We give away so much free stuff that will accelerate your German learning and you don't want to miss that!

MORE FROM LINGO MASTERY

Have you been trying to learn German and simply can't find the way to expand your vocabulary?

Do your teachers recommend you boring textbooks and complicated stories that you don't really understand?

Are you looking for a way to learn the language quicker without taking shortcuts?

If you answered "Yes!" to at least one of those previous questions, then this book is for you! We've compiled the **2000 Most Common Words in German**, a list of terms that will expand your vocabulary to levels previously unseen.

Did you know that — according to an important study — learning the top two thousand (2000) most frequently used words will enable you to understand up to **84%** of all non-fiction and **86.1%** of fiction literature and **92.7%** of oral speech? Those are amazing stats, and this book will take you even further than those numbers!

In this book:

- A detailed introduction with tips and tricks on how to improve your learning
- A list of 2000 of the most common words in German and their translations
- An example sentence for each word – in both German and English
- Finally, a conclusion to make sure you've learned and supply you with a final list of tips

Don't look any further, we've got what you need right here!

In fact, we're ready to turn you into a German speaker… are you ready to get involved in becoming one?

Do you know what the hardest thing for a German learner is?

Finding PROPER reading material that they can handle…which is precisely the reason we've written this book!

Teachers love giving out tough, expert-level literature to their students, books that present many new problems to the reader and force them to search for words in a dictionary every five minutes — it's not entertaining, useful or motivating for the student at all, and many soon give up on learning at all!

In this book we have compiled 20 easy-to-read, compelling and fun stories that will allow you to expand your vocabulary and give you the tools to improve your grasp of the wonderful German tongue.

How German Short Stories for Beginners works:

- Each story is interesting and entertaining with realistic dialogues and day-to-day situations.
- The summaries follow a synopsis in German and in English of what you just read, both to review the lesson and for you to see if you understood what the tale was about.
- At the end of those summaries, you'll be provided with a list of the most relevant vocabulary involved in the lesson, as

well as slang and sayings that you may not have understood at first glance!
- Finally, you'll be provided with a set of tricky questions in German, providing you with the chance to prove that you learned something in the story. Don't worry if you don't know the answer to any — we will provide them immediately after, but no cheating!

We want you to feel comfortable while learning the tongue; after all, no language should be a barrier for you to travel around the world and expand your social circles!

So look no further! Pick up your copy of German Short Stories for Beginners and start learning German right now!

This book has been written by a native German author and is recommended for A2+ level learners.

Is conversational German turning a little too tricky for you? Do you have no idea how to order a meal or book a room at a hotel?

If your answer to any of the previous questions was 'Yes', then this book is for you!

If there's even been something tougher than learning the grammar rules of a new language, it's finding the way to speak with other people in that tongue. Any student knows this – we can try our best at practicing, but you always want to avoid making embarrassing mistakes or not getting your message through correctly.

"How do I get out of this situation?" many students ask themselves, to no avail, but no answer is forthcoming.

Until now.

We have compiled **MORE THAN ONE HUNDRED** conversational German stories for beginners along with their translations, allowing new German speakers to have the necessary tools to begin studying how to set a meeting, rent a car or tell a doctor that they don't feel well. We're not wasting time here with conversations that don't go anywhere: if you want to know how to solve problems (while learning a ton of German along the way, obviously), this book is for you!

How Conversational German Dialogues works:

- Each new chapter will have a fresh, new story between two people who wish to solve a common, day-to-day issue that you will surely encounter in real life.
- An German version of the conversation will take place first, followed by an English translation. This ensures that you fully understood just what it was that they were saying.
- Before and after the main section of the book, we shall provide you with an introduction and conclusion that will offer you important strategies, tips and tricks to allow you to get the absolute most out of this learning material.
- That's about it! Simple, useful and incredibly helpful; you will NOT need another conversational German book once you have begun reading and studying this one!

We want you to feel comfortable while learning the tongue; after all, no language should be a barrier for you to travel around the world and expand your social circles!

So look no further! Pick up your copy of Conversational German Dialogues and start learning German right now!

Printed in Great Britain
by Amazon